U0951165

# 国学有滋有味

陈寅恪 等著
青山 编

哈尔滨出版社
HARBIN PUBLISHING HOUSE

**图书在版编目（CIP）数据**

国学有滋有味 / 陈寅恪等著；青山编. -- 哈尔滨：哈尔滨出版社, 2020.5

ISBN 978-7-5484-5167-9

Ⅰ. ①国… Ⅱ. ①陈… ②青… Ⅲ. ①国学—普及读物 Ⅳ. ①Z126-49

中国版本图书馆CIP数据核字(2019)第301895号

**书　　名：** 国学有滋有味
GUOXUE YOUZI-YOUWEI

**作　　者：** 陈寅恪 等著　　青　山 编
**责任编辑：** 任　环　张　薇
**责任审校：** 李　战
**封面设计：** 主语设计

**出版发行：** 哈尔滨出版社（Harbin Publishing House）
**社　　址：** 哈尔滨市松北区世坤路 738 号 9 号楼　**邮编：** 150028
**经　　销：** 全国新华书店
**印　　刷：** 天津旭非印刷有限公司
**网　　址：** www.hrbcbs.com　www.mifengniao.com
**E-mail：** hrbcbs@yeah.net
**编辑版权热线：**（0451）87900271　87900272
**销售热线：**（0451）87900202　87900203
**邮购热线：** 4006900345　（0451）87900256

**开　　本：** 880mm × 1230mm　1/32　**印张：** 9.75　**字数：** 200 千字
**版　　次：** 2020 年 5 月第 1 版
**印　　次：** 2020 年 5 月第 1 次印刷
**书　　号：** ISBN 978-7-5484-5167-9
**定　　价：** 58.00元

# 编者前言

编者本着传承文化的初心，遍览中国近现代教育界、文学界等领域有突出贡献的大师作品，精选了梁启超、王国维、蔡元培、陈寅恪、胡适、夏丏尊、闻一多、陶行知、郁达夫、朱自清、林徽因、丰子恺、梁实秋等大师的文字。这些文字从不同视角反映了大师们的生活、读书、人生观、价值观以及历史观。一段文字代表一段人生，代表一段历史。作品字字珠玑，充满智慧、哲思。在编辑过程中，编者除对作品明显谬误，或者标点符号不一之处进行了修改之外，其余基本保持原作品的风貌。

# 目录

# 为学与做人

梁启超

诸君！我在南京讲学将近三个月了，这边苏州学界里，有好几回写信邀我，可惜我在南京是天天有功课的，不能分身前来。今天到这里，能够和全城各校诸君聚在一堂，令我感激得很，但有一件，还要请诸君原谅：因为我一个月以来，都带着些病，勉强支持，今天不能做很长的讲演，恐怕有负诸君期望哩。

问诸君“为什么进学校？”我想人人都会众口一词的答道：“为的是求学问。”再问：“你为什么要求学问？”“你想学些什么？”恐怕各人的答案就很不相同，或者竟自答不出来了。诸君啊！我替你们回答一句罢：“为的是学做人。”你在学校里头学的什么数学、几何、物理、化学、生理、心理、历史、地理、国文、英语，乃至什么哲学、文学、科学、政治、法律、经济、教育、农业、工业、商业等等，不过是做人所需的一种手段，不能说专靠这些便达到做人的目的，任凭你把这些件件学得精通，你能够成个人不成个人还是个问题。

人类心理，有知、情、意三部分。这三部分圆满发达的状态，我们先哲名为三达德——智、仁、勇。为什么叫作“达德”呢？因为这三件事是人类普通道德的标准，总要三件具备，才能成一个人。三件的完成状态怎么样呢？孔子说：“知者不惑，仁者不忧，勇者不惧。”所以教育应分为知育、情育、意育三方面——现在讲的智育、德育、体育不对，德育范围太笼统，体育范围太狭隘——知育要教到人不惑，情育要教到人不忧，意育要教到人不惧。教育家教育学生，应该以这三件为究竟；我们自动的自己教育自己，也应该以这三件为究竟。

怎么样才能不惑呢？最要紧的是养成我们的判断力。想要养成判断力，第一步，最少须有相当的常识；进一步，对于自己要做的事须有专门知识；再进一步，还要有遇事能断的智慧。假如一个人连常识都没有，听见打雷，说是雷公发威；看见月蚀，说是蛤蟆贪嘴。那么，一定闹到什么事都没有主意，碰着一点疑难问题，就靠求神问卜看相算命去解决，真所谓“大惑不解”，成了最可怜的人了。学校里小学中学所教，就是要人有了许多基本的知识，免得凡事都暗中摸索。但仅仅有这点常识还不够，我们做人，总要各有一件专门职业。这门职业，也并不是我一人破天荒去做，从前已经许多人做过，他们积累了无数经验，发现出好些原理原则，这就是专门学识。我打算做这项职业，就应该有这项专门的学识。例如我想做农吗，怎么的改良土壤，怎么的改良种子，怎么的防御水旱病虫，等等，都是前人经验有得成为学识的；我们有了这种学识，应用他来处置这些事，自然会不惑，反是则惑了。做工、做商等等都各有他的专门学识，也是如此。我想做财政家吗，何种租税可以生出何样结果，何种公债可以生出何样结果等等，都是前人经验有得成为学识的；我们有了这种学识，应用他来处置这些事，自然会不惑，反是则惑了。教育家、军事家等等，都各有他的专门学说，也是如此。我们在高等以上学校所求的知识，就是这一类。但专靠这种常识和学识就够吗？还不能。宇宙和人生是活的不是呆的，我们每日碰见的事理是复杂的变化的，不是单纯的刻板的，倘若我们只是学过这一件，才懂这一件，那么，碰着一件没有学过的事来到跟前，便手忙脚乱了。所以还要养成总体的智慧，才能有根本的判断力。这种总体的智慧如何才能养成呢？第一件，要把我们向来粗浮的脑筋，着实磨炼他，叫他变成细密而且踏实。那么，无论遇着如何繁难的事，我都可以彻头彻尾想清楚他的条理，自然不至于惑了。第二件，要把我们向来浑浊的脑筋，着实将养他，叫他变成清明。那么，一件事理到跟前，我才能很从容很莹澈的去判断他，自然不至于惑了。以上所说常识学识和总体的智慧，都是知育的要件，目的是教人做到“知者不惑”。

怎么样才能不忧呢？为什么仁者便会不忧呢？想明白这个道理，先要知道中国先哲的人生观是怎么样。“仁”之一字，儒家人生观的全体大用都包在里头。“仁”到底是什么？很难用言语说明，勉强下个解释，可以说是："普遍人格之实现。"孔子说："仁者人也。"意思是说人格完成就叫作"仁"。但我们要知道，人格不是单独一个人可以表现的，要从人和人的关系上来看。所以仁字从二人，郑康成解他作"相人偶"。总而言之，要彼我交感互发，成为一体，然后我的人格才能实现。所以我们若不讲人格主义，那便无话可说；讲到这个主义，当然归宿到普遍人格。换句话说，宇宙即是人生，人生即是宇宙，我的人格和宇宙无二无别，体验得这个道理，就叫作"仁者"。然则这种仁者为什么就会不忧呢？大凡忧之所从来，不外两端，一曰忧成败，二曰忧得失。我们得着"仁"的人生观，就不会忧成败。为什么呢？因为我们知道宇宙和人生是永远不会圆满的，所以《易经》六十四卦，始"乾"而终"未济"。正为在这永远不圆满的宇宙中，才永远容得我们创造进化。我们所做的事，不过在宇宙进化几万万里的长途中，往前挪一寸两寸，哪里配说成功呢？然则不做怎么样呢？不做便连这一寸两寸都不往前挪，那可真是失败了。"仁者"看透这种道理，信得过只有不做事才算失败，肯做事便不会失败。所以《易经》说："君子以自强不息。"换一方面来看，他们又信得过凡事不会成功的。几万万里路挪了一两寸，算成功吗？所以《论语》说："知其不可而为之。"你想，有这种人生观的人，还有什么成败可忧呢？再者，我们得着"仁"的人生观，便不会忧得失。为什么呢？因为认定这件东西是我的，才有得失之可言。连人格都不是单独存在，不能明确的画出这一部分是我的，那一部分是人家的，然则哪里有东西可以为我们所得？既已没有东西为我所得，当然也没有东西为我所失。我只是为学问而学问，为劳动而劳动，并不是拿学问劳动等等做手段来达某种目的——可以为我们“所得”的。所以老子说：“生而不有，为而不恃。”“既以为人己愈有，既以与人己愈多。”你想，有这种人生观的人，还有什么得失可忧呢？总而言之，有了这种人生观，自然会觉得“天地与我并生，而万物与我为一”，自然会“无入而不自得”。他的生活，纯然是趣味化艺术化。这是最高的情感教育，目的教人做到“仁者不忧”。

怎么样才能不惧呢？有了不惑不忧功夫，惧当然会减少许多了。但这是属于意志方面的事。一个人若是意志力薄弱，便有很丰富的知识，临时也会用不着；便有很优美的情操，临时也会变了卦。然则意志怎么才会坚强呢？头一件须要心地光明。孟子说：“浩然之气，至大至刚。行有不慊于心，则馁矣。”又说：“自反而不缩，虽褐宽博，吾不惴焉；自反而缩，虽千万人，吾往矣。”俗话说得好：“生平不做亏心事，夜半敲门心不惊。”一个人要保持勇气，须要从一切行为可以公开做起，这是第一着。第二件要不为劣等欲望之所牵制。《论语》记：“子曰：‘吾未见刚者。’或对曰：‘申枨。’子曰：‘枨也欲，焉得刚？’”一被物质上无聊的嗜欲东拉西扯，那么百炼成刚也会变成绕指柔了。总之，一个人的意志，由刚强变为薄弱极易，由薄弱返到刚强极难。一个人有了意志薄弱的毛病，这个人可就完了。自己做不起自己的主，还有什么事可做？受别人压制，做别人奴隶，自己只要肯奋斗，终必能恢复自由。自己的意志做了自己情欲的奴隶，那么，真是万劫沉沦，永无恢复自由的余地，终身畏首畏尾，成了个可怜人了。孔子说："和而不流，强哉矫；中立而不倚，强哉矫。国有道，不变塞焉，强哉矫；国无道，至死不变，强哉矫。"我老实告诉诸君说罢：做人不做到如此，绝不会成一个人。但做到如此真是不容易，非时时刻刻做磨炼意志的功夫不可，意志磨炼得到家，自然是看着自己应做的事，一点不迟疑，扛起来便做，"虽千万人，吾往矣"。这样才算顶天立地做一世人，绝不会有藏头露尾、左支右绌的丑态。这便是意育的目的，要教人做到"勇者不惧"。

我们拿这三件事作做人的标准，请诸君想想，我自己现时做到哪一件？哪一件稍微有一点把握？倘若连一件都不能做到，连一点把握都没有，哎哟！那可真危险了，你将来做人恐怕就做不成。讲到学校里的教育吗，第二层的情育、第三层的意育，可以说完全没有，剩下的只有第一层的知育。就算知育罢，又只有所谓常识和学识，至于我所讲的总体智慧靠来养成根本判断力的，却是一点儿也没有。这种"贩卖知识杂货店"的教育，把他前途想下去，真令人不寒而栗！现在这种教育，一时又改革不来，我们可爱的青年，除了他更没有可以受教育的地方。诸君啊！你到底还要做人不要？你要知道危险呀！非你自己抖擞精神想方法自救，没有人能救你呀！

诸君啊！你千万别要以为得些断片的知识，就算是有学问呀。我老实不客气告诉你罢：你如果做成一个人，知识自然是越多越好；你如果做不成一个人，知识却是越多越坏。你不信吗？试想想全国人所唾骂的卖国贼某人某人，是有知识的呀，还是没有知识的呢？试想想全国人所痛恨的官僚政客——专门助军阀作恶鱼肉良民的人，是有知识的呀，还是没有知识的呢？诸君须知道啊，这些人当十几年前在学校的时代，意气横厉，天真烂漫，何尝不和诸君一样？为什么就会堕落到这样田地呀？屈原说："何昔日之芳草兮，今直为此萧艾也！岂其有他故兮，莫好修之害也。"天下最伤心的事，莫过于看着一群好好的青年，一步一步的往坏路上走。诸君猛醒啊！现在你所厌所恨的人，就是你前车之鉴了。

诸君啊！你现在怀疑吗？沉闷吗？悲哀痛苦吗？觉得外边的压迫你不能抵抗吗？我告诉你：你怀疑和沉闷，便是你因不知才会惑；你悲哀痛苦，便是你因不仁才会忧；你觉得你不能抵抗外界的压迫，便是你因不勇才有惧。这都是你的知、情、意未经过修养磨炼，所以还未成个人。我盼望你有痛切的自觉啊！有了自觉，自然会成功。那么，学校之外，当然有许多学问，读一卷经，翻一部史，到处都可以发现诸君的良师呀！

诸君啊，醒醒罢！养足你的根本智慧，体验出你的人格人生观，保护好你的自由意志。你成人不成人，就看这几年哩！

（1922 年 12 月在苏州学生联合会的演讲）

# 三十自述

梁启超

“风云入世多，日月掷人急。如何一少年，忽忽已三十。”此余今年正月二十六日在日本东海道汽车中所做《三十初度·口占十首》之一也。人海奔走，年光蹉跎，所志所事，百未一就，揽镜据鞍，能无悲惭？擎一既结集其文，复欲为做小传。余谢之曰：“若某之行谊经历，曾何足有记载之一值。若必不获已者，则人知我，何如我之自知？吾死友谭浏阳曾做《三十自述》，吾毋宁效颦焉。”做《三十自述》。

余乡人也，于赤县神州，有当秦汉之交，屹然独立群雄之表数十年，用其地，与其人，称蛮夷大长，留英雄之名誉于历史上之一省。于其省也，有当宋元之交，我黄帝子孙与北狄血战不胜，君臣殉国，自沉崖山，留悲愤之记念于历史上之一县。是即余之故乡也。乡名熊子，距崖山七里强，当西江入南海交汇之冲，其江口列岛七，而熊子宅其中央，余实中国极南之一岛民也。先世自宋末由福州徙南雄，明末由南雄徙新会，定居焉，数百年栖于山谷。族之伯叔兄弟，且耕且读，不问世事，如桃源中人。顾闻父老口碑所述，吾大王父最富于阴德，力耕所获，一粟一帛，辄以分惠诸族党之无告者。王父讳维清，字镜泉，为郡生员，例选广文，不就。王母氏黎。父名宝瑛，字莲涧，夙教授于乡里。母氏赵。

余生同治癸酉正月二十六日，实太平国亡于金陵后十年，清大学士曾国藩卒后一年，普法战争后三年，而意大利建国罗马之岁也。生一月而王母黎卒。逮事王父者十九年。王父及见之孙八人，而爱余尤甚。三岁仲弟启勋生，四五岁就王父及母膝下授四子书、《诗经》，夜则就睡王父榻，日与言古豪杰哲人嘉言懿行，而尤喜举亡宋、亡明国难之事，津津道之。六岁后，就父读，受中国略史，五经卒业。八岁学为文。九岁能缀千言。十二岁应试学院，补博士弟子员，日治帖括，虽心不慊之，然不知天地间于帖括外，更有所谓学也，辄埋头钻研，顾颇喜词章。王父、父母时授以唐人诗，嗜之过于八股。家贫无书可读，唯有《史记》一、《纲鉴易知录》一，王父、父日以课之，故至今《史记》之文，能成诵者八九。父执有爱其慧者，赠以《汉书》一、姚氏《古文辞类纂》一，则大喜，读之卒业焉。父慈而严，督课之外，使之劳作，言语举动稍不谨，辄呵斥不少假借，常训之曰：“汝自视乃如常儿乎！”至今诵此语不敢忘。十三岁始知有段、王训诂之学，大好之，渐有弃帖括之志。十五岁，母赵恭人见背，以四弟之产难也。余方游学省会，而时无轮船，奔丧归乡，已不获亲含殓，终天之恨，莫此为甚。时肄业于省会之学海堂，堂为嘉庆间前总督阮元所立，以训诂词章课粤人者也。至是乃决舍帖括以从事于此，不知天地间于训诂词章之外，更有所谓学也。己丑，年十七，举于乡，主考为李尚书端棻、王镇江仁堪。年十八计偕入京师，父以其稚也，挈与偕行，李公以其妹许字焉。下第归，道上海，从坊间购得《瀛环志略》读之，始知有五大洲各国，且见上海制造局译出西书若干种，心好之，以无力不能购也。

其年秋，始交陈通甫。通甫时亦肄业学海堂，以高材生闻。既而通甫相语曰："吾闻南海康先生上书请变法，不达，新从京师归，吾往谒焉，其学乃为吾与子所未梦及，吾与子今得师矣。"于是乃因通甫修弟子礼事南海先生。时余以少年科第，且于时流所推重之训诂词章学，颇有所知，辄沾沾自喜。先生乃以大海潮音，做狮子吼，取其所挟持之数百年无用旧学更端驳诘，悉举而摧陷廓清之。自辰入见，及戌始退，冷水浇背，当头一棒，一旦尽失其故垒，惘惘然不知所从事，且惊且喜，且怨且艾，且疑且惧，与通甫联床竟夕不能寐。明日再谒，请为学方针，先生乃教以陆王心学，而并及史学、西学之梗概。自是决然舍去旧学，自退出学海堂，而间日请业南海之门。生平知有学自兹始。

辛卯，余年十九，南海先生始讲学于广东省城长兴里之万木草堂，徇通甫与余之请也。先生为讲中国数千年来学术源流，历史政治，沿革得失，取万国以比例推断之。余与诸同学日札记其讲义，一生学问之得力，皆在此年。先生又常为语佛学之精奥博大，余夙根浅薄，不能多所受。先生时方著《公理通》《大同学》等书，每与通甫商榷，辨析入微，余辄侍末席，有听受，无问难，盖知其美而不能通其故也。先生著《新学伪经考》，从事校勘；著《孔子改制考》，从事分纂。日课则《宋元明儒学案》、二十四史、《文献通考》等。而草堂颇有藏书，得恣涉猎，学稍进矣。其年始交康幼博。十月，入京师，结婚李氏。明年壬辰，年二十，王父弃养。自是学于草堂者凡三年。

甲午年二十二，客京师，于京国所谓名士者多所往还。六月，日本战事起，惋愤时局，时有所吐露，人微言轻，莫之闻也。顾益读译书，治算学、地理、历史等。明年乙未，和议成，代表广东公车百九十人，上书陈时局。既而南海先生联公车三千人，上书请变法，余亦从其后奔走焉。其年七月，京师强学会开，发起之者，为南海先生，赞之者为郎中陈炽、郎中沈曾植、编修张孝谦、浙江温处道袁世凯等。余被委为会中书记员。不三月，为言官所劾，会封禁。而余居会所数月，会中于译出西书购置颇备，得以余日尽浏览之，而后益斐然有述作之志。其年始交谭复生、杨叔峤，吴季清、铁樵、子发父子。

京师之开强学会也，上海亦踵起。京师会禁，上海会亦废。而黄公度倡议续其余绪，开一报馆，以书见招。三月去京师，至上海，始交公度。七月《时务报》开，余专任撰述之役，报馆生涯自兹始，著《变法通议》《西学书目表》等书。其冬，公度简出使德国大臣，奏请偕行，会公度使事辍，不果。出使美、日、秘大臣伍廷芳，复奏派为参赞，力辞之。伍固请，许以来年往，既而终辞，专任报事。丁酉四月，直隶总督王文韶、湖广总督张之洞、大理寺卿盛宣怀，连衔奏保，有旨交铁路大臣差遣，余不之知也。既而以札来，粘奏折上谕焉，以不愿被人差遣辞之。张之洞屡招邀，欲致之幕府，固辞。时谭复生宦隐金陵，间月至上海，相过从，连舆接席。复生著《仁学》，每成一篇，辄相商榷，相与治佛学，复生所以砥砺之者良厚。十月，湖南陈中丞宝箴，江督学标，聘主湖南时务学堂讲席，就之。时公度官湖南按察使，复生亦归湘助乡治，湘中同志称极盛。未几，德国割据胶州湾事起，瓜分之忧，震动全国，而湖南始创南学会，将以为地方自治之基础，余颇有所赞画。而时务学堂于精神教育，亦三致意焉。其年始交刘裴邨、林暾谷、唐绂丞，及时务学堂诸生李虎村、林述唐、田均一、蔡树珊等。

明年戊戌，年二十六。春，大病几死，出就医上海，既痊，乃入京师。南海先生方开保国会，余多所赞画奔走。四月，以徐侍郎致靖之荐，总理衙门再荐，被召见，命办大学堂译书局事务。时朝廷锐意变法，百度更新，南海先生深受主知，言听谏行，复生、暾谷、叔峤、裴邨，以京卿参预新政，余亦从诸君子之后，黾勉尽瘁。八月政变，六君子为国流血，南海以英人仗义出险，余遂乘日本大岛兵舰而东。去国以来，忽忽四年矣。

戊戌九月至日本，十月与横滨商界诸同志谋设《清议报》。自此居日本东京者一年，稍能读东文，思想为之一变。己亥七月，复与滨人共设高等大同学校于东京，以为内地留学生预备科之用，即今之清华学校是也。其年美洲商界同志，始有中国维新会之设，由南海先生所鼓舞也。冬间，美洲人招往游，应之。以十一月首途，道出夏威夷岛，其地华商二万余人，相縶留，因暂住焉，创夏威夷维新会。适以治疫故，航路不通，遂居夏威夷半年。至庚子六月，方欲入美，而义和国变已大起，内地消息，风声鹤唳，一日百变。已而屡得内地函电，促归国，遂回马首而西，比及日本，已闻北京失守之报。七月急归沪，方思有所效，抵沪之翌日，而汉口难作，唐、林、李、蔡、黎、傅诸烈，先后就义，公私皆不获有所救。留沪十日，遂去，适香港，既而渡南洋，谒南海，遂道印度，游澳洲，应彼中维新会之招也。居澳半年，由西而东，环洲历一周而还。辛丑四月，复至日本。

尔来蛰居东国，忽又岁余矣，所志所事，百不一就，唯日日为文字之奴隶，空言喋喋，无补时艰。平旦自思，只有惭悚。顾自审我之才力，及我今日之地位，舍此更无术可以尽国民责任于万一。兹事虽小，亦安得已。一年以来，颇竭绵薄，欲草一中国通史以助爱国思想之发达，然荏苒日月，至今犹未能成十之二。唯于今春为《新民丛报》，冬间复创刊《新小说》，述其所学所怀抱者，以质于当世达人志士，冀以为中国国民遒铎之一助。呜呼！国家多难，岁月如流，眇眇之身，力小任重。吾友韩孔广诗云："舌下无英雄，笔底无奇士。"呜呼，笔舌生涯，已催我中年矣！此后所以报国民之恩者，未知何如？每一念及，未尝不惊心动魄，抑塞而谁语也？

孔子纪元二千四百五十三年壬寅十一月，任公自述。

（作于 1902 年 12 月）

# 知命与努力

梁启超

今天所讲的题目是“知命与努力”，知命同努力这两件事，骤看似乎不易合并在一处，《列子·力命》篇中曾经说明力与命不能相容，我从前做的诗也有“百年力与命相持”之句，都是把知命同努力分开，而且以为两者不能并存，可是，究竟是不是这样呢？现在便要研究这个问题。胡适之先生在欧洲演说中国文化，狠攻击知命之说，以为知命是一种懒惰哲学，这种主张，能养成懒惰根性。这话若不错，那么，我们这个懒惰人族，将来除了自然淘汰之一途外，真没有别条路可走了。但究竟是不是这样呢？现在还当讨论。

在《论语》里面有一句话：“不知命无以为君子。”意思是说：凡人非有知命的功夫不能做君子。君子二字在儒家的意义常是代表高尚人格的。可以知道儒家的意见，是以知命为养成高尚人格的重要条件。其他“五十而知命”等类的话很多，知命一事在儒家可谓重视极了。再来返观儒家以外的各家的态度怎样呢?墨家树起反对之帜，矫正儒家，所攻击的，大半是儒家所重视的。所以墨家自然不相信命，《墨子·非命》篇中便极端否认知命，在现在讲，可算“打倒知命”了。列子的意见，更可从《力命》篇中看出，他假设两人对话，一名力，一名命，争论结果，偏重于命。列子是代表道家的，可见道家的主张，是根本将命抬到最高的地位，而将力压服在下面，和墨家重力黜命的宗旨恰恰相反。可是儒家就不然，一面讲命，一面亦讲力，知命和努力，是同在一样的重要的地位，即以“不知命无以为君子”一句论，为君子便是努力，但却以知命为必要条件，可知在儒家的眼光中两者毫无轩轾了。

命字到底怎么解呢?《论语》中的话很简单，未曾把定义揭出来。我们只好在儒家后辈的书籍中寻解说，《孟子》《荀子》，《礼记》，这三种都是后来儒家的重要的书。《孟子》说：“莫之致而至者命也。”意谓并不靠我们力量去促成，而它自己当然来的，便是命。《荀子》说：“节遇谓之命。”节是时节，意谓在某一时节偶然遇着的，便是命。《礼记》说：“分于道之谓命。”这一条戴东原解释得最详，他以为道是全体的统一的，在那全体的里面，分一部分出来，部分对于全体，自然要受其支配，那叫作“分限”，便是命。综合这几条，简单的说，就是：我们的行为，受了一种不可抵抗的力量的支配，偶然间遇着一个机会，或者被限制着只许在一定范围内自由活动，这便是命。命的观念，大概如此。

分限——命——的观念既明，究竟有多少种类，经过详密的分析，大约有下列四种：(一)自然界给予的分限：这类分限，极为明显易知，如现在天暖，需服薄衣，转眼秋冬来了，又要需用厚衣，这便是一种自然界的分限。用外国语解释，便是自然界对于人类行为，给的一个 order，只能在范围内活动，想超过是不能的。人类常常自夸，人力万能征服了自然界，但是到底征服了多少，还是个问题，譬如前时旧金山和日本的地震，人类几十年努力经营的结果，只消自然界几秒钟的破坏，便消灭无余，人类到底征服了自然界多少呢？近几天，天文家又传说彗星将与地球接近，星尾若扫到地面，便要发生危险，此事固未实现，然假设彗星尾与地面接触了，那变化又何堪设想，彼时人类征服自然界的力量又如何呢？这样便证明自然界的力量，委实比我们人类大得多，人类不得不在它给予的分限中讨生活的。(二)社会给予的分限：凡是一个社会，必有它的时间的遗传和空间的环境，这两样都能给予人们以重(变)〔要〕的分限。无论如何强有力的人，在一个历时很久的社会中，总不能使那若干年遗传的结果消灭，并且自身反要受它的影响。即如我中华民国，挂上民治招牌已十六年了，实际上种种举动，所以名实不副者，实在是完全受了数千年历史(情)〔惰，下同〕所支配，不可自拔。社会如此，个人亦如此，一人如此，众人亦如此，不独为世所诟病的军阀官僚，难免此情力之支配，乃至现代蓬勃之青年，是否果能推翻情力，不受其支配，仔细思之，当然不敢自信。吾人一举一动，一言一行，所不为情力所干涉者，实不多见的。至于空间方面，亦复如是，现在中国经济状况，日趋贫乏，几乎有全国国民皆有无食之苦的景况，若想用人的力量去改这种不幸的情形，不是这一端改好，那一端又发生毛病；便是那一端改好，这一端又现出流弊。环境的势力，好似一条长链，互相牵掣，吾人的生活，便是在这全国环境互相牵掣的势力支配的底下决定，人为的改造，是不能实现的。小而言之，一个团体，也是这样，凡一个学校，它有学风，某一个在这学校里念书的学生，当然受学风的影响和支配，想跳出学风以外，是不容易的。而这个学校的学风，又不是单独成立的，(及)〔又〕与其他学校，发生连带关系，譬如在北京某一学校，它的学风，不能不受全北京学校的学风的影响和支配，而不能脱离，就是这样。全北京的学风，影响到某一校；一校的学风，又影响到某一人，关系是如此密切而复杂，所以社会在空间上给予人们的分限，是不可避免，而不易改造的。(三)个人固有的分限：在个人自身的性质、能力、身体、人格、经济，诸方面，常有许多不由自主的状态，这便是个人固有的分限。这些分限，有的是先天带来的，有的是受了社会的影响自然形成的，然而其为分限则一。譬如有些人身体好，有些人身体坏，身体好的人每天做十多点钟的功课，不觉疲倦，身体弱的人每天只用功几点钟，便非常困乏，再不停止，甚至患病，像这种差别，是没有法子去平均和补救的。讲其原因，自然是归咎于父母的身体不强壮，才遗传这般的体质。这不独个人为然，即以民族而言，华人同欧美比较，相去实在很远，这都是以前的祖先遗留的结果，不是一时的现象，然而既经堕落到如此地步，再想齐驱并驾，实无方法可施。既曰实行卫生，或可稍图改善，然一样的运动，一样的营养，而强者自强，弱者自弱，想立刻平等，是不可能的。才能经济诸端，尤其易见，有聪明有天才的人，一目十行，倚马万言，资质愚笨的人，自然赶他不上；有遗产的子弟，可以安富尊荣，卒业游学，家境困苦的人，自然千辛万苦，往往学业不完，这种分限，凡为人类，怎能逃脱。身体才能，固然不能变易，即如物质方面之经济力，似乎可以转换，然而要将一个穷学生于顷刻中化为富豪，亦是不能实现的事。物质的限制尚且如此之难去，何论其他，个人分限，诚不可轻视的了。（四）对手方给予的分限：凡人固然自己要活动，然而同时别人也要活动，彼此原都是一样的。加之人的活动方面，对自然常少，而对于他人的常多，所以人们活动是最易和他人发生关系的，既然如此，人们活动的时候，那对手方对于自己的活动也很有影响，这影响就是分限了。人们对他人发生活动，他人为应付起见，发出相当的活动来对抗。于是自己起了所谓反应，反应也有顺的，也有逆的，遇见顺的，尚不要紧，遇见逆的，则自己的活动将受其限制，而不能为所欲为，于是便构成了对手方的分限。这可以拿施教育者与受教育者做个比方，施者虽极力求其领会，然受者仍有活动的余地，若起了逆的反应，这个教育的方法，便要失败的。此犹言团体行为也，个人对个人也是如此，朋友、夫妇间的关系，何莫不然，无论如何任性的人，他的行为总难免反〔受〕其妻之若干分限，妻之方面亦同，人生最亲爱者，莫如夫妇，而对手方犹不能不有分限，遑论其他。犹之下棋，我走一着，人亦走一着，设禁止人之移棋，任我独下，自属全胜，无如事实不许，禁止他人，既难做到，而人之一着，常常与我以危险，制我之死命，于是不得不放弃预定计划，与之极力周旋，以求最后之胜利。此即对手分限之说，乃人人相互间，双方行为接触所起之反应了。

此四种分限—— 再加分析，容或更有—— 既经明了，只受一种之限制时，已足发生困难，使数十年之工作，一旦毁坏，然人生厄运，不止如是，实际上，吾人日常生活，几无不备受四种分限之包围和压迫。因此，假使有一不知命的人，不承认分限，甚至不知分限，或不注意分限，以为无论何事，我要如何便如何，可以达到目的。此种人勇气虽然很大，动辄行其开步走的主义，一往直前，可是，设使前边有一堵墙，拦住去路，人告诉他前面有墙，墙是走不过去的，而他悍然不顾，以为没有墙，我不信墙的限制，仍然前行。有时前面本是无墙，侥幸得以穿过，然已是可一不可再的成功，今既有墙，若是墙能任意穿行，自然很好，但墙实在是不能通过的东西，于是结果，他碰了墙，碰得头破脑裂，不得不回来，回来改变方向，仍是照这样碰墙，碰了几回之后，一经躺下，比任何软弱人还软弱，再无复起的希望。因他努力自信，总想超过他的希望，不想结果失望，自然一蹶不振，这种人的勇气，不能永久保持，一遇阻碍，必生厌倦，所以不知命—— 不信分限，专恃莽气的人是很难成功的。

儒家知命的话，在《论语》中有很重要的一句，便是批评孔子的："知其不可为而为之"那一句。可见知其可为而为之——不知或不信分限，不是勇气；必要知其不可为而为之，才算勇气。明知山上有金矿动手去掘的人，那不算有勇；要明知不可为，而知道应该去做的人，才算伟大。这句话很可以表现孔子的全部人格，也可以作为知命与努力的注脚，"知其不可为"便是知命，"而为之"便是努力，孔子的伟大和勇气，在此可以完全看出了。我们的科学家，或是梦想他的能力可以征服自然界，能够制止地震，固不算真科学家；或是因为知遇地震无法防止，便不讲预防之法，听其自然，也非真科学家。我们的真科学家，必具有下列的精神，便是明知地震是无法控制的，也不做谬妄的大言，但也不流于消极，仍然尽心竭力去研究预防的方法，能够预防多少，便是多少，不因不能控制而自馁，也不因稍一预防而自夸，这种科学家才是真科学家，如我们所需要的。他们的预料，本来只在某一限度，限度之上就应当无效或失败，但他们知道应该做这种工作，仍是勤勉地去做着，尝试复尝试，不妨其多，结果如是〔失败〕，原不出其所料，万无失望的打击，幸而一二分的成功，于是他们便喜出望外了。知命之道，如此而已。

这种一二分的成功，为何可喜呢？因为世界的成功，都是比较的，无止境的。中国爱国的人，都想把国家弄得像欧美日本一样富强，好似欧（洲）〔美〕日本便是国家的极轨一样，谁知欧美日本，也不见得便算成功，国中正有无穷的纷扰哩！犹如（庄）〔列〕子所语的愚公移山，他虽不能一手把很高的山移完，可是他的子孙能够继续着去工作，他及身虽只能见到移去一尺二尺，也是够愉快，比起来未见分毫的移动，强得多了。成功犹如万万里的长道，一人的生命能力，万不能走完，然而走到中途，也胜于终身不走的哩！所以知命者，明知成功之不可必，了解分限之不可逃，在分限圈制前提之下去努力，才是真能努力的人啊！

我们为何需要真正的努力，因为只有真正的努力，才可不厌不倦。人何以有厌倦，多因不知分限，希望过大，动遭失败，所以如此。知命的人，便无此弊。孔门学问如“学而不厌，诲人不倦”“为之不厌，诲人不倦”“居之无倦”“请益又〔曰〕无倦”，“自强不息”“不怨天不尤人”诸端。所谓不厌、不倦、不息、不怨、不尤，都是不以前途阻碍而退馁，是消极的知命。如“学而时习之不亦说乎，有朋自远方来不亦乐乎”，都是以稍有成功而自娱，是积极的努力。所以我们不只要排除尊己黜人的妄诞，也宜蠲去美人恨己的忧伤，因这两者都于事实是无益的。我人徒见美国工人生活舒适，比中国资产阶级甚或过之，于是自怨自艾，于己之地位运动宁复有济。犹之豫湘人民，因罹兵灾，遽羡妒他省人民，又岂于事实有补。总之，生此环境，丁此时期，唯有勤勉乃身，委曲求全，其他夸诞怨艾之念，均不可存的。

孔子的"发愤忘食，乐以忘忧"功夫，实在是知命和努力的一个大榜样。儒家弟子，受其感化的，代不乏人，如汉之诸葛亮，固知辅蜀讨曹之无功，然而仍以"鞠躬尽瘁死而后已"为职志者，深明"汉贼不两立，皇室不偏安"之义，晓得应该如此做去，故不得不做，此由知命而进于努力者也。又如近代之胡林翼、曾国藩，固曾勋业彪炳，而读其遗书，则立言无不以安命为本，因二公饱经事故，阅历有得，故谆谆以安命为言，此由努力而进于知命者也。凡人能具此二者，则做事时较有把握，较能持久。其知命也，非为懒惰而知命，实因镇定而知命；其努力也，非为侥幸而努力，实为牺牲而努力。既为牺牲而努力，做事自然勇气百倍，既无厌倦，又有快乐了。所以我们要学孔子的发愤忘食，便是学他的努力；要学孔子的乐以忘忧，便是学他的知命。知命和努力，原来是不可分离，互相为用的，再没有不相容的疑惑了。知命与努力，这便是儒家的一大特色，也是中国民族一大特色，向来伟大人物，无不如此。诸君持身涉世，如能领悟此一语的意义，做到此一层功夫，可以终身受用不尽！

（原载于1927年5月29日《国闻周报》第4卷第20期）

# 论教育之宗旨

王国维

教育之宗旨何在？在使人为完全之人物而已。何谓完全之人物？谓人之能力无不发达且调和是也。人之能力分为内外二者：一曰身体之能力，一曰精神之能力。发达其身体而萎缩其精神，或发达其精神而疲敝其身体，皆非所谓完全者也。完全之人物，精神与身体必不可不为调和之发达。而精神之中又分为三部：知力、感情及意志是也。对此三者而有真美善之理想："真"者知力之理想，"美"者感情之理想，"善"者意志之理想也。完全之人物不可不备真美善之三德，欲达此理想，于是教育之事起。教育之事亦分为三部：智育、德育（即意育）、美育（即情育）是也。如佛教之一派，及希腊罗马之斯多亚派，抑压人之感情而使其能力专发达于意志之方面；又如近世斯宾塞之专重智育，虽非不切中一时之利弊，皆非完全之教育也。完全之教育，不可不备此三者，今试言其大略。

一、智育　人苟欲为完全之人物，不可无内界及外界之知识，而知识之程度之广狭，应时地不同。古代之知识至近代而觉其不足，闭关自守时之知识，至万国交通时而觉其不足。故居今之世者，不可无今世之知识。知识又分为理论与实际二种；溯其发达之次序，则实际之知识常先于理论之知识，然理论之知识发达后，又为实际之知识之根本也。一科学如数学、物理学、化学、博物学等，皆所谓理论之知识。至应用物理、化学于农工学，应用生理学于医学，应用数学于测绘等，谓之实际之知识。理论之知识乃人人天性上所要求者，实际之知识则所以供社会之要求，而维持一生之生活。故知识之教育，实必不可缺者也。

二、德育　然有知识而无道德，则无以得一生之福祉，而保社会之安宁，未得为完全之人物也。夫人之生也，为动作也，非为知识也。古今中外之哲人无不以道德为重于知识者，故古今中外之教育无不以道德为中心点。盖人人至高之要求，在于福祉，而道德与福祉实有不可离之关系。爱人者人恒爱之；敬人者人恒敬之。不爱敬人者反是。如影之随形，响之随声，其效不可得而诬也。《书》云："惠迪，吉；从逆，凶。"希腊古贤所唱福德合一论，固无古今中外之公理也。而道德之本原又由内界出而非外铄我者。张皇而发挥之，此又教育之任也。

三、美育　德育与智育之必要，人人知之，至于美育有不得不一言者。盖人心之动，无不束缚于一己之利害；独美之为物，使人忘一己之利害而入高尚纯洁之域，此最纯粹之快乐也。孔子言志，独与曾点；又谓“兴于诗”“成于乐”。希腊古代之以音乐为普通学之一科，及近世谢林、库勒等之重美育学，实非偶然也。要之，美育者一面使人之感情发达，以达完美之域；一面又为德育与智育之手段，此又教育者所不可不留意也。

然人心之知情意三者，非各自独立，而互相交错者。如人为一事时，知其当为者“知”也，欲为之者“意”也，而当其为之前后又有苦乐之“情”伴之：此三者不可分离而论之也。故教育之时，亦不能加以区别。有一科而兼德育智育者，有一科而兼美育德育者，又有一科而兼此三者。三者并行而得渐达真善美之理想，又加以身体之训练，斯得为完全之人物，而教育之能事毕矣。

（原载于1903年8月《教育世界》56号）

# （三十）自序

王国维

## 一

岁月不居，时节如流，犬马之齿，已过三十。志学以来，十有余年，体素羸弱，不能锐进于学。进无师友之助，退有生事之累，故十年所造，遂如今日而已。然此十年间进步之迹，有可言焉。夫怀旧之感，恒笃于暮年；进取之方，不容于反顾。余年甫壮，而学未成，冀一篑以为山，行百里而未半。然举前十年之进步，以为后此十年二十年进步之券，非敢自喜，抑亦自策励之一道也。余家在海宁，故中人产也，一岁所入，略足以给衣食。家有书五六箧，除《十三经注疏》为儿时所不喜外，其余晚自塾归，每泛览焉。十六岁，见友人读《汉书》而悦之，乃以幼时所储蓄之岁朝钱万，购“前四史”于杭州，是为平生读书之始。时方治举子业，又以其间学骈文散文，用力不专，略能形似而已。未几而有甲午之役，始知世尚有所谓学者。家贫不能以资供游学，居恒怏怏，亦不能专力于是矣。二十二岁正月，始至上海，主时务报馆，任书记校雠之役。二月而上虞罗君振玉等私立之东文学社成，请于馆主汪君康年，日以午后三小时往学焉。汪君许之，然馆事颇剧，无自习之暇，故半年中之进步，不如同学诸子远甚。夏六月，又以病足归里，数月而愈。愈而复至沪，则时务报馆已闭，罗君乃使治社之庶务，而免其学资。是时社中教师为日本文学士藤田丰八、田冈佐代治二君。二君故治哲学，余一日见田冈君之文集中，有引汗德、叔本华之哲学者，心甚喜之。顾文学暌隔，自以为终身无读二氏之书之日矣。次年社中兼授数学、物理、化学、英文等，其时担任数学者，即藤田君。君以文学者而授数学，亦未尝不自笑也。顾君勤于教授，其时所用藤泽博士之算术代数两教科书，问题殆以万计，同学三四人者，无一问题不解，君亦无一不校阅也。又一年，而值庚子之变，学社解散。盖余之学于东文学社也，二年有半，而其学英文亦一年有半。时方毕第三读本，乃购第四第五读本，归里自习之。日尽一二课，必以能解为度，不解者且置之。而北乱稍定，罗君乃助以资，使游学于日本。亦从藤田君之劝，拟专修理学。故抵日本后，昼习英文，夜至物理学校习数学。留东京四五月而病作，遂以是夏归国。自是以后，遂为独学之时代矣。体素羸弱，性复忧郁，人生之问题，日往复于吾前。自是始决从事于哲学，而此时为余读书之指导者，亦即藤田君也。次岁春，始读翻尔彭之《社会学》，及文之《名学》、海甫定《心理学》之半。而所购哲学之书亦至，于是暂辍心理学而读巴尔善之《哲学概论》、文特尔彭之《哲学史》。当时之读此等书，固与前日之读英文读本之道无异。幸而已得读日文，则与日文之此类书参照而观之，遂得通其大略。既卒《哲学概论》《哲学史》，次年始读汗德《纯理批评》。至《先天分析论》几全不可解，更辍不读，而读叔本华之《意志及表象之世界》一书。叔氏之书，思精而笔锐。是岁前后读二过，次及于其《充足理由之原则论》《自然中之意志论》，及其文集等。尤以其《意志及表象之世界》中《汗德哲学之批评》一篇，为通汗德哲学关键。至二十九岁，更返而读汗德之书，则非复前日之窒碍矣。嗣是于汗德之《纯理批评》外，兼及其伦理学及美学。至今年从事第四次之研究，则窒碍更少，而觉其窒碍之处大抵其说之不可持处而已。此则当日志学之初所不及料，而在今日亦得以自慰藉者也。此外如洛克休蒙之书，亦时涉猎及之。近数年来为学之大略如此。顾此五六年间，亦非能终日治学问，其为生活故而治他人之事，日少则二三时，多或三四时，其所用以读书者，日多不逾四时，少不过二时。过此以往则精神涣散，非与朋友谈论，则涉猎杂书。唯此二三时间之读书，则非有大故，不稍间断而已。夫以余境之贫薄，而体之孱弱也，又每日为学时间之寡也，持之以恒，尚能小有所就，况财力精力之倍于余者，循序而进，其所造岂有量哉！故书十年间之进步，非徒以为责他日进步之券，亦将以励今之人使不自馁也。若夫余之哲学上及文学上之撰述，其见识文采亦诚有过人者，此则汪氏中所谓

"斯有天致，非由人力，虽情符曩哲，未足多矜"者，固不暇为世告焉。

## 二

前篇既述数年间为学之事，兹复就为学之结果述之：余疲于哲学有日矣。哲学上之说，大都可爱者不可信，可信者不可爱。余知真理，而余又爱其谬误。伟大之形而上学，高严之伦理学，与纯粹之美学，此吾人所酷嗜也。然求其可信者，则宁在知识论上之实证论，伦理学上之快乐论，与美学上之经验论。知其可信而不能爱，觉其可爱而不能信，此近二三年中最大之烦闷，而近日之嗜好所以渐由哲学而移于文学，而欲于其中求直接之慰藉者也。要之，余之性质，欲为哲学家则感情苦多，而知力苦寡；欲为诗人，则又苦感情寡而理性多。诗歌乎？哲学乎？他日以何者终吾身，所不敢知，抑在二者之间乎？

今日之哲学界，自赫尔德曼以后，未有敢立一家系统者也。居今日而欲自立一新系统，自创一新哲学，非愚则狂也。近二十年之哲学家，如德之芬德，英之斯宾塞，但搜集科学之结果，或古人之说而综合之、修正之耳。此皆第二流之作者，又皆所谓可信而不可爱者也。此外所谓哲学家，则实哲学史家耳。以余之力，加之以学问，以研究哲学史，或可操成功之券。然为哲学家，则不能；为哲学史，则又不喜，此亦疲于哲学之一原因也。

近年嗜好之移于文学，亦有由焉，则填词之成功是也。余之于词，虽所做尚不及百阕，然自南宋以后，除一二人外，尚未有能及余者，则平日之所自信也。虽比之五代、北宋之大词人，余愧有所不如，然此等词人，亦未始无不及余之处。因词之成功，而有志于戏曲，此亦近日之奢愿也。然词之于戏曲，一抒情，一叙事，其性质既异，其难易又殊。

又何敢因前者之成功，而遽冀后者乎？但余所以有志于戏曲者，又自有故。吾中国文学之最不振者，莫戏曲若。元之杂剧，明之传奇，存于今日者，尚以百数。其中之文字，虽有佳者，然其理想及结构，虽欲不谓至幼稚、至拙劣，不可得也。国朝之作者，虽略有进步，然比诸西洋之名剧，相去尚不能以道里计。此余所以自忘其不敏，而独有志乎是也。

然目与手不相谋，志与力不相副，此又后人之通病。故他日能为之与否，所不敢知，至为之而能成功与否，则愈不敢知矣。

虽然，以余今日研究之日浅，而修养之力乏，而遽绝望于哲学及文学，毋乃太早计乎！苟积毕生之力，安知于哲学上不有所得，而于文学上不终有成功之一日乎？即今一无成功，而得于局促之生活中，以思索玩赏为消遣之法，以自逭于声色货利之域，其益固已多矣。诗云："且以喜乐，且以永日。"此吾辈才弱者之所有事也。若夫深湛之思，创造之力，苟一日集于余躬，则俟诸天之所为欤！俟诸天之所为欤！

（作于 1907 年）

# 文学小言

王国维

## 一

昔司马迁推本汉武时学术之盛，以为利禄之途使然。余谓一切学问皆能以利禄劝，独哲学与文学不然。何则？科学之事业，皆直接间接以厚生利用为旨，古未有与政治及社会上之兴味相刺谬者也。至一新世界观与新人生观出，则往往与政治及社会上之兴味不能相容。若哲学家而以政治及社会之兴味为兴味，而不顾真理之如何，则又绝非真正之哲学。以欧洲中世哲学之以辩护宗教为务者，所以蒙极大之污辱，而叔本华所以痛斥德意志大学之哲学者也。文学亦然。餔餟的文学，绝非真正之文学也。

## 二

文学者，游戏的事业也。人之势力用于生存竞争而有余，于是发而为游戏。婉娈之儿，有父母以衣食之，以卵翼之，无所谓争存之事也。其势力无所发泄，于是做种种之游戏。逮争存之事亟，而游戏之道息矣。唯精神上之势力独优，而又不必以生事为急者，然后终身得保其游戏之性质。而成人以后，又不能以小儿之游戏为满足，于是对其自己之感情及所观察之事物而摹写之，咏叹之，以发泄所储蓄之势力。故民族文化之发达，非达一定之程度，则不能有文学；而个人之汲汲于争存者，绝无文学家之资格也。

## 三

人亦有言，名者利之宾也。故文绣的文学之不足为真文学也，与餔餟的文学同。古代文学之所以有不朽之价值者，岂不以无名之见者存乎？至文学之名起，于是有因之以为名者，而真正文学乃复托放不重于世之文体以自见。逮此体流行之后，则又为虚玄矣。故模仿之文学，是文绣的文学与餔餟的文学之记号也。

## 四

文学中有二原质焉：曰景，曰情。前者以描写自然及人生之事实为主，后者则吾人对此种事实之精神的态度也。故前者客观的，后者主观的也；前者知识的，后者感情的也。自一方面言之，则必吾人之胸中洞然无物，而后其观物也深，而其体物也切；即客观的知识，实与主观的感情为反比例。自他方面言之，则激烈之感情，亦得为直观之对象、文学之材料；而观物与其描写之也，亦有无限之快乐伴之。要之，文学者，不外知识与感情交代之结果而已。苟无锐敏之知识与深邃之感情者，不足与于文学之事。此其所以但为天才游戏之事业，而不能以他道劝者也。

## 五

古今之成大事业大学问者，不可不历三种之阶级：“昨夜西风凋碧树，独上高楼，望尽天涯路。”（晏同叔《蝶恋花》）此第一阶级也。“衣带渐宽终不悔，为伊消得人憔悴。”（欧阳永叔《蝶恋花》）此第二阶级也。“众里寻他千百度，（回头蓦见）〔蓦然回首〕，那人（正）〔却〕在灯火阑珊处。”（辛幼安《青玉案》）此第三阶级也。未有不阅第一第二阶级，而能遽跻第三阶级者。文学亦然。此有文学上之天才者，所以又需莫大之修养也。

## 六

三代以下之诗人，无过于屈子、渊明、子美、子瞻者。此四子者苟无文学之天才，其人格亦自足千古。故无高尚伟大之人格，而有高尚伟大之文学者，殆未之有也。

## 七

天才者，或数十年而一出，或数百年而一出，而又须济之以学问，帅之以德性，始能产真正之大文学。此屈子、渊明、子美、子瞻等所以旷世而不一遇也。

## 八

“燕燕于飞，差池其羽”。“燕燕于飞，颉之颃之”。“睍睆黄鸟，载好其音”。“昔我往矣，杨柳依依”。诗人体物之妙，侔于造化，然皆出于离人孽子征夫之口，故知感情真者，其观物亦真。

## 九

“驾彼四牡，四牡项领。我瞻四方，蹙蹙靡所骋。”以《离骚》《远游》数千言言之而不足者，独以十七字尽之，岂不诡哉！然以讥屈子之文胜，则亦非知言者也。

## 十

屈子感自己之感，言自己之言者也。宋玉景差感屈子之所感，而言其所言；然亲见屈子之境遇，与屈子之人格，故其所言，亦殆与言自己之言无异。贾谊、刘向其遇略与屈子同，而才则逊矣。王叔师以下，但袭其貌而无真情以济之。此后人之所以不复为楚人之词者也。

## 十一

屈子之后，文学上之雄者，渊明其尤也。韦、柳之视渊明，其如贾、刘之视屈子乎！彼感他人之所感，而言他人之所言，宜其不如李、杜也。

## 十二

宋以后之能感自己之感，言自己之言者，其唯东坡乎！山谷可谓能言其言矣，未可谓能感所感也。遗山以下亦然。若国朝之新城，岂徒言一人之言已哉？所谓“莺偷百鸟声”者也。

## 十三

诗至唐中叶以后，殆为羔雁之具矣。故五季、北宋之诗（除一二大家外）无可观者，而词则独为其全盛时代。其诗词兼擅如永叔、少游者，皆诗不如词远甚。以其写之于诗者，不若写之于词者之真也。至南宋以后，词亦为羔雁之具，而词亦替矣（除稼轩一人外）。观此足以知文学盛衰之故矣。

## 十四

上之所论，皆就抒情的文学言之（《离骚》、诗词皆是）。至叙事的文学（谓叙事诗、诗史、戏曲等，非谓散文也），则我国尚在幼稚之时代。元人杂剧，辞则美矣，然不知描写人格为何事。至国朝之《桃花扇》，则有人格矣，然他戏曲则殊不称是。要之，不过稍有系统之词，而并失词之性质者也。以东方古文学之国，而最高之文学无一足以与西欧匹者，此则后此文学家之责矣。

## 十五

抒情之诗，不待专门之诗人而后能之也。若夫叙事，则其所需之时日长，而其所取之材料富，非天才而又有暇日者不能。此诗家之数之所以不可更仆数，而叙事文学家殆不能及百分之一也。

## 十六

《三国演义》无纯文学之资格，然其叙关壮缪之释曹操，则非大文学家不办。《水浒传》之写鲁智深，《桃花扇》之写柳敬亭、苏昆生，彼其所为，固毫无意义。然以其不顾一己之利害，故犹使吾人生无限之兴味，发无限之尊敬，况于关壮缪之佼佼者乎？若此者，岂真如康德所云，实践理性为宇宙人生之根本欤？抑与现在利己之世界相比较，而益使吾人兴无涯之感也？则选择戏曲小说之题目者，亦可以知所去取矣。

## 十七

吾人谓戏曲小说家为专门之诗人，非谓其以文学为职业也。以文学为职业，餔餟的文学也。职业的文学家，以文学为生活；专门之文学家，为文学而生活。今餔餟的文学之途，盖已开矣。吾宁闻征夫思妇之声，而不屑使此等文学嚣然污吾耳也。

（原载于1906年《教育世界》139号）

# 王静安先生遗书序

陈寅恪

王静安先生既殁，罗雪堂先生刊其遗书四集。后五年，先生之门人赵斐云教授，复采辑编校其前后已刊未刊之作，共为若干卷，刊行于世。先生之弟哲安教授，命寅恪为之序。寅恪虽不足以知先生之学，亦尝读先生之书，故受命不辞。谨以所见质正于天下后世之同读先生之书者。

自昔大师巨子，其关系于民族盛衰、学术兴废者，不仅在能承继先哲将坠之业，为其托命之人，而尤在能开拓学术之区宇，补前修所未逮。故其著作可以移一时之风气，以示来者以轨则也。先生之学博矣，精矣，几若无涯岸之可望，辙迹之可寻。然详绎遗书，其学术内容及治学方法，殆可举三目以概括之者。一曰取地下之实物与纸上之遗文互相释证。凡属于考古学及上古之作，如《殷卜辞中所见先公先王考》及《鬼方昆夷玁狁考》等是也。二曰取异族之故书与吾国之旧籍相互补正。凡属于辽金元史事及边疆地理之作，如《萌古考》及《元朝秘史之主因亦儿坚考》等是也。三曰取外来之观念与固有之材料互相参证。凡属于文艺批评及小说戏曲之作，如《〈红楼梦〉评论》及《宋元戏曲考》《唐宋大曲考》等是也。此三类之著作，其学术性质固有异同，所用方法亦不尽附会，要皆足以转移一时之风气，而示来者以轨则。吾国他日文史考据之学，范围纵广，途径纵多，恐亦无以远出三类之外。此先生之书所以为吾国近代学术界最重要之产物也。

今先生之书，流布于世，世人大抵能称道其学，独于其平生之志事，颇多不能解，因而有是非之论。寅恪以谓古今中外志士仁人，往往憔悴忧伤，继之以死。其所伤之事，所死之故，不止局于一时间一地域而已，盖别有超越时间地域之理性存焉。而此超越时间地域之理性，必非其同时间地域之众人所能共喻。然则先生之志事，多为世人所不解，因而有是非之论者，又何足怪耶？尝综揽吾国三十年来，人世之剧变至异，等量而齐观之，诚庄生所谓彼亦一是非，此亦一是非者。若就彼此所是非者言之，则彼此终古未由共喻，以其互局于一时间一地域故也。呜呼，神州之外，更有九州。今世之后，更有来世。其间傥亦有能读先生之书者乎？

如果有之，则其人于先生之书，钻味既深，神理相接，不但能想见先生之人，想见先生之世，或者更能心喻先生之奇哀遗恨于一时一地，彼此是非之表欤？一千九百三十四年岁次甲戌六月三日陈寅恪谨序。

（原载于1940年2月商务印书馆《海宁王静安先生遗书》）

# 我在北京大学的经历

蔡元培

北京大学的名称，是从民国元年起的；民元以前，名为京师大学堂，包括师范馆、仕学馆等，而译学馆亦为其一部。我在民元前六年，曾任译学馆教员，讲授国文及西洋史，是为我在北大服务之第一次。

民国元年，我长教育部，对于大学有特别注意的几点：一、大学设法、商等科的，必设文科；设医、农、工等科的，必设理科。二、大学应设大学院（即今研究院），为教授、留校的毕业生与高级学生研究的机关。三、暂定国立大学五所，于北京大学外，再筹办大学各一所于南京、汉口、四川、广州等处。（尔时想不到后来各省均有办大学的能力。）四、因各省的高等学堂，本仿日本制，为大学预备科，但程度不齐，于入大学时发生困难。乃废止高等学堂，于大学中设预科。（此点后来为胡适之先生等所非难，因各省既不设高等学堂，就没有一个荟萃较高学者的机关，文化不免落后；但自各省竞设大学后，就不必顾虑了。）

是年，政府任严幼陵君为北京大学校长。两年后，严君辞职，改任马相伯君。不久，马君又辞，改任何锡侯君。不久又辞，乃以工科学长胡次珊君代理。民国五年冬，我在法国，接教育部电，促回国，任北大校长。我回来，初到上海，友人中劝不必就职的颇多，说北大太腐败，进去了，若不能整顿，反于自己的声名有碍。这当然是出于爱我的意思。但也有少数的人说，既然知道他腐败，更应进去整顿，就是失败，也算尽了心。这也是爱人以德的说法。我到底服从后说，进北京。

我到京后，先访医专校长汤尔和君，问北大情形。他说：“文科预科的情形，可问沈尹默君；理工科的情形，可问夏浮筠君。”汤君又说：“文科学长如未定，可请陈仲甫君。陈君现改名独秀，主编《新青年》杂志，确可为青年的指导者。”因取《新青年》十余本示我。我对于陈君，本来有一种不忘的印象，就是我与刘申叔君同在《警钟日报》服务时，刘君语我：“有一种在芜湖发行之白话报，发起的若干人，都因困苦及危险而散去了，陈仲甫一个人又支持了好几个月。”现在听汤君的话，又翻阅了《新青年》，决意聘他。从汤君处探知陈君寓在前门外一旅馆，我即往访，与之订定。于是陈君来北大任文科学长，而夏君原任理科学长，沈君亦原任教授，一仍旧贯。乃相与商定整顿北大的办法，次第执行。

我们第一要改革的，是学生的观念。我在译学馆的时候，就知道北京学生的习惯。他们平日对于学问上并没有什么兴会，只要年限满后，可以得到一张毕业文凭。教员是自己不用功的，把第一次的讲义，照样印出来，按期分散给学生，在讲坛上读一遍。学生觉得没有趣味，或瞌睡，或看看杂书；下课时，把讲义带回去，堆在书架上。等到学期、学年或毕业的考试，教员认真的，学生就拼命地连夜阅读讲义，只要把考试对付过去，就永远不再去翻一翻了。要是教员通融一点，学生就先期要求教员告知他要出的题目，至少要求表示一个出题目的范围；教员为避免学生的怀恨与顾全自身的体面起见，往往把题目或范围告知他们了。于是他们不用功的习惯，得了一种保障了。尤其北京大学的学生，是从京师大学堂“老爷”式学生嬗继下来（初办时所收学生，都是京官，所以学生都被称为“老爷”，而监督及教员都被称为“中堂”或“大人”）。他们的目的，不但在毕业，而尤注重在毕业以后的出路。所以专门研究学术的教员，他们不见得欢迎。要是点名时认真一点，考试时严格一点，他们就借个话头反对他，虽罢课也在所不惜。若是一位在政府有地位的人来兼课，虽时时请假，他们还是欢迎得很，因为毕业后可以有阔老师做靠山。这种科举时代遗留下来的劣根性，是于求学上很有妨碍的。所以我到校后第一次演说，就说明“大学学生，当以研究学术为天职，不当以大学为升官发财之阶梯”。然而要打破这些习惯，只有从聘请积学而热心的教员着手。

那时候因《新青年》上文学革命的鼓吹，而我得认识留美的胡适之君。他回国后，即请到北大任教授。胡君真是“旧学邃密”而且“新知深沉”的一个人，所以一方面与沈尹默、兼士兄弟，钱玄同、马幼渔、刘半农诸君以新方法整理国故，一方面整理英文系。因胡君之介绍而请到的好教员，颇不少。

我素信学术上的派别是相对的，不是绝对的。所以每一种学科的教员，即使主张不同，若都是“言之成理、持之有故”的，就让他们并存，令学生有自由选择的余地。最明白的是胡适之君与钱玄同君等绝对的提倡白话文学，而刘申叔、黄季刚诸君仍极端维护文言的文学；那时候就让他们并存。我信为应用起见，白话文必要盛行，我也常常做白话文，也替白话文鼓吹。然而我也声明：做美术文，用白话也好，用文言也好。例如我们写字，为应用起见，自然要写行楷，若如江艮庭君的用篆隶写药方，当然不可；若是为人写斗方或屏联，做装饰品，即写篆隶章草，有何不可？

那时候各科都有几个外国教员，都是托中国驻外使馆或外国驻华使馆介绍的，学问未必都好，而来校既久，看了中国教员的阑珊，也跟了阑珊起来。我们斟酌了一番，辞退几人，都按着合同上的条件办的。有一法国教员要控告我，有一英国教习竟要求英国驻华公使朱尔典来同我谈判，我不答应。朱尔典出去后，说：“蔡元培是不要再做校长的了。”我也一笑置之。

我从前在教育部时，为了各省高等学堂程度不齐，故改为各大学直接的预科。不意北大的预科，因历年校长的放任与预科学长的误会，竟演成独立的状态。那时候预科中受了教会学校的影响，完全偏重英语及体育两方面；其他科学比较的落后，毕业后若直升本科，发生困难。预科中竟自设了一个预科大学的名义，信笺上亦写此等字样。于是不能不加以改革，使预科直接受本科学长的管理，不再设预科学长。预科中主要的教课，均由本科教员兼任。

我没有本校与他校的界线，常为之通盘打算，求其合理化。是时北大设文、理、工、法、商五科，而北洋大学亦有工、法两科。北京又有一工业专门学校，都是国立的。我以为无此重复的必要，主张以北大的工科并入北洋，而北洋之法科，克期停办。得北洋大学校长同意，及教育部核准，把土木工与矿冶工并到北洋去了。把工科省下来的经费，用在理科上。我本来想把法科与法专并成一科，专授法律，但是没有成功。我觉得那时候的商科，毫无设备，仅有一种普通商业学教课，于是并入法科，使已有的学生毕业后停止。

我那时候有一个理想，以为文、理两科，是农、工、医、药、法、商等应用科学的基础，而这些应用科学的研究时期，仍然要归到文、理两科来。所以文、理两科，必须设各种的研究所；而此两科的教员与毕业生必有若干人是终身在研究所工作，兼任教员，而不愿往别种机关去的。所以完全的大学，当然各科并设，有互相关联的便利。若无此能力，则不妨有一大学专办文理两科，名为本科，而其他应用各科，可办专科的高等学校，如德、法等国的成例，以表示学与术的区别。因为北大的校舍与经费，绝没有兼办各种应用科学的可能，所以想把法律分出去，而编为本科大学，然没有达到目的。

那时候我又有一个理想，以为文、理是不能分科的。例如文科的哲学，必植基于自然科学；而理科学者最后的假定，亦往往牵涉哲学。从前心理学附入哲学，而现在用实验法，应列入理科；教育学与美学，也渐用实验法，有同一趋势。地理学的人文方面，应属文科，而地质地文等方面属理科。历史学自有史以来，属文科，而推原于地质学的冰期与宇宙生成论，则属于理科。所以把北大的三科界限撤去而列为十四系，废学长，设系主任。

我素来不赞成董仲舒罢黜百家、独尊孔氏的主张。清代教育宗旨有“尊孔”一款，已于民元在教育部宣布教育方针时说它不合用了。到北大后，凡是主张文学革命的人，没有不同时主张思想自由的，因而为外间守旧者所反对。适有赵体孟君以编印明遗老刘应秋先生遗集，贻我一函，属约梁任公、章太炎、林琴南诸君品题。我为分别发函后，林君复函，列举彼对于北大怀疑诸点；我复一函，与他辩。这两函颇可窥见那时候两种不同的见解，所以抄在下面：（略）

这两函虽仅为文化一方面之攻击与辩护，然北大已成为众矢之的，是无可疑了。越四十余日，而有五四运动。我对于学生运动，素有一种成见，以为学生在学校里面，应以求学为最大目的，不应有何等政治的组织。其有年在二十岁以上，对于政治有特殊兴趣者，可以个人资格参加政治团体，不必牵涉学校。所以民国七年夏间，北京各校学生，曾为外交问题，结队游行，向总统府请愿。当北大学生出发时，我曾力阻他们。他们一定要参与，我因此引咎辞职，经慰留而罢。到八年五月四日，学生又有不签字于巴黎和约与罢免亲日派曹、陆、章的主张，仍以结队游行为表示，我也就不去阻止他们了。他们因愤激的缘故，遂有焚曹汝霖住宅及攒殴章宗祥的事。学生被警厅逮捕者数十人，各校皆有，而北大学生居多数。我与各专门学校的校长向警厅力保，始释放。但被拘的虽已保释，而学生尚抱再接再厉的决心，政府亦且持不做不休的态度。都中宣传政府将明令免我职而以马其昶君任北大校长，我恐若因此增加学生对于政府的纠纷，我个人且将有运动学生保持地位的嫌疑，不可以不速去。乃一面呈政府引咎辞职，一面秘密出京，时为五月九日。

那时候学生仍每日分队出去演讲，政府逐队逮捕，因人数太多，就把学生都监禁在北大第三院。北京学生受了这样大的压迫，于是引起全国学生的罢课，而且引起各大都会工商界的同情与公愤，将以罢工、罢市为同样之要求。政府知势不可侮，乃释放被逮诸生，决定不签和约，罢免曹、陆、章，于是五四运动之目的完全达到了。

五四运动之目的既达，北京各校的秩序均恢复。独北大因校长辞职问题，又起了多少纠纷。政府曾一度任命胡次珊君继任，而为学生所反对，不能到校；各方面都要我复职。我离校时本预定决不回去，不但为校务的困难，实因校务以外，常常有许多不相干的缠绕，度一种劳而无功的生活，所以启事上有“杀君马者道旁儿；民亦劳止，汔可小休；我欲小休矣”等语。但是隔了几个月，校中的纠纷，仍在非我回校不能解决的状态中。我不得已，乃允回校。回校以前，先发表一文，告北京大学学生及全国学生联合会，告以学生救国，重在专研学术，不可常为救国运动而牺牲（全文见《蔡孑民先生言行录》下册三三七至三四一页）。到校后，在全体学生欢迎会演说，说明德国大学学长、校长均每年一换，由教授会公举；校长且由神学、医学、法学、哲学四科之教授轮值，从未生过纠纷，完全是教授治校的成绩。北大此后亦当组成健全的教授会，使学校绝不因校长一人的去留而起恐慌（全文见《言行录》三四一至三四四页）。

那时候蒋梦麟君已允来北大共事，请他通盘计划，设立教务、总务两处，及聘任财务等委员会，均以教授为委员。请蒋君任总务长，而顾孟余君任教务长。

北大关于文学、哲学等学系，本来有若干基本教员；自从胡适之君到校后，声应气求，又引进了多数的同志，所以兴会较高一点。预定的自然科学、社会科学、文学、国学四种研究所，只有国学研究所先办起来了。在自然科学与社会科学方面，比较地困难一点。自民国九年起，自然科学诸系，请到了丁巽甫、颜任光、李润章诸君主持物理系；李仲揆君主持地质系；在化学系本有王抚五、陈聘丞、丁庶为诸君，而这时候又增聘程寰西、石蘅青诸君；在生物学系本已有钟宪鬯君在东南、西南各省搜罗动植物标本，有李石曾君讲授学理，而这时候又增聘谭仲逵君。于是整理各系的实验室与图书室，使学生在教员指导之下，切实用功；改造第二院礼堂与庭园，使合于讲演之用。在社会科学方面，请到王雪艇、周鲠生、皮皓白诸君；一面诚意指导提起学生好学的精神，一面广购图书杂志，给学生以自由考索的工具。丁巽甫君以物理学教授兼预科主任，提高预科程度。于是北大始达到各系平均发展的境界。

我是素来主张男女平等的。九年，有女学生要求进校，以考期已过，姑录为旁听生。及暑假招考，就正式招收女生。有人问我："兼收女生是新法，为什么不先请教育部核准？"我说："教育部的大学令，并没有专收男生的规定；从前女生不来要求，所以没有女生；现在女生来要求，而程度又够得上，大学就没有拒绝的理。"这是男女同校的开始，后来各大学都兼收女生了。

我是佩服章实斋先生的。那时候国史馆附设在北大，我定了一个计划，分征集、纂辑两股；纂辑股又分通史、民国史两类；均从长编入手，并编历史辞典。聘屠敬山、张蔚西、薛阆仙、童亦韩、徐贻孙诸君分任征集编纂等务。后来政府忽又有国史馆独立一案，别行组织。于是张君所编的民国史，薛、童、徐诸君所编的辞典，均因篇帙无多，视同废纸；只有屠君在馆中仍编他的蒙兀儿史，躬自保存，没有散失。

我本来很注意于美育的。北大有美学及美术史教课，除中国美术史由叶浩吾君讲授外，没有人肯讲美学。十年，我讲了十余次，因足疾进医院停止。至于美育的设备，曾设书法研究会，请沈尹默、马叔平诸君主持。设画法研究会，请贺履之、汤定之诸君教授国画；请国楷次君教授油画。设音乐研究会，请萧友梅君主持。均听学生自由选习。

我在“爱国学社”时，曾断发而习兵操。对于北大学生之愿受军事训练的，常特别助成。曾集这些学生，编成学生军，聘白雄远君任教练之责，亦请蒋百里、黄膺白诸君到场演讲。白君勤恳而有恒，历十年如一日，实为难得的军人。

我在九年的冬季，曾往欧美考察高等教育状况，历一年回来。这期间的校长任务，是由总务长蒋君代理的。回国以后，看北京政府的情形，日坏一日；我处在与政府常有接触的地位，日想脱离。十一年冬，财政总长罗钧任君忽以金佛郎问题被逮，释放后，又因教育总长彭允彝君提议，重复收禁。我对于彭君此举，在公议上，认为是蹂躏人权献媚军阀的勾当；在私情上，罗君是我在北大时的同事，而且于考察教育时为最密切的同伴，他的操守，为我所深信。我不免大抱不平，与汤尔和、邵飘萍、蒋梦麟诸君会商，均认为有表示的必要。我于是一面递辞呈，一面离京。隔了几个月，贿选总统的布置，渐渐地实现；而要求我回校的代表，还是不绝。我遂于十二年七月间重往欧洲，表示决心；至十五年，始回国。那时候，京津间适有战争，不能回校一看。十六年，国民政府成立，我在大学院，试行大学区制，以北大划入北平大学区范围，于是我的北京大学校长的名义，始得取消。

综计我居北京大学校长的名义，十年有半；而实际在校办事，不过五年有半。一经回忆，不胜惭悚。

（原载于1934年1月《东方杂志》31卷1号）

# 悼亡妻黄仲玉

蔡元培

鸣呼！仲玉，竟舍我而先逝耶！自汝与我结婚以来，才二十年，累汝以儿女，累汝以家计，累汝以国内、国外之奔走，累汝以贫困，累汝以忧患，使汝善书、善画、善为美术之天才，竟不能无限发展，而且积劳成疾，以不得尽汝之天年。鸣呼！我之负汝何如耶！

我与汝结婚之后，屡与汝别，留青岛三月，留北京译学馆半年，留德意志四年，革命以后，留南京及北京阅月，前年留杭县四月，加以其他短期之旅行，二十年中，与汝欢聚者不过十二三年耳。鸣呼！孰意汝舍我如是其速耶！

凡我与汝别，汝往往大病，然不久即愈。我此次往湖南而汝病，我归汝病剧，及汝病渐痊，医生谓不日可以康复，我始敢放胆而为此长期之旅行。岂意我别汝而汝病加剧，以至于死，而我竟不得与汝一诀耶！我将往湖南，汝恐我不及再回北京，先为我料理行装，一切完备。我今所服用者，何一非汝所采购，汝所整理！

处处触目伤心，我其何以堪耶！

汝孝于亲，睦于弟妹，慈于子女。我不知汝临终时，一念及汝死后老父、老母之悲切，弟妹之伤悼，稚女、幼儿之哀痛，汝心其何以堪耶！

汝时时在纷华靡丽之场，内之若上海及北京，外之若柏林及巴黎，我间欲为汝购置稍稍入时之衣饰，偕往普通之场所，而汝辄不愿。对于北京妇女以酒食赌博相征逐，或假公益之名以鹜声气而因缘为利者，尤慎避之，不敢与往来。常克勤克俭以养我之廉，以端正子女之习惯。呜呼！我之感汝何如，而意不得一当以报汝耶！

汝爱我以德，无微不至。对于我之饮食、起居、疾痛、疴养，时时悬念，所不待言。对于我所信仰之主义，我所信仰之朋友，或所见不与我同，常加规劝，我或不能领受，以至与汝争论；我事后辄非常悔恨，以为何不稍稍忍耐，以免伤汝之心。呜呼！而今而后，再欲闻汝之规劝而不可得矣，我唯有时时铭记汝往日之言以自检耳。

汝病剧时，劝我按预约之期以行，而我不肯。汝自料不免于死，常祈速死，以免误我之行期。我当时认为此不过病中愤感之谈，及汝小愈，则亦置之。呜呼！岂意汝以小愈促我行，而意不免死于我行以后耶！

我自行后，念汝病，时时不宁。去年十一月二十六日，在舶中发一无线电于蒋君，询汝近况，冀得一痊愈之消息以告慰，而复电仅言小愈；我意非痊愈，则必加剧，小愈必加剧之讳言，聊以宽我耳，我于是益益不宁。到里昂后，即发一电于李君，询汝近况，又久不得复。直至我已由里昂而巴黎，而瑞士，始由里昂转到谭、蒋二君之电，始知汝竟于我到巴黎之次日，已舍我而长逝矣！呜呼！我之旅行，为对社会应尽之义务，本不能以私废公；然迟速之间，未尝无商量之余地。尔时，李夫人曾劝我展缓行期，我竟误信医生之言决行，致不得调护汝以蕲免于死。呜呼！我负汝如此，我虽追悔，其尚可及耶！

我得电时，距汝死已八日矣。我既无法速归，归亦已无济于事；我不能不按我预定计划，尽应尽之义务而后归。呜呼！汝如有知，能不责我负心耶！汝所爱者，老父、老母也，我祝二老永远健康，以副汝之爱。汝所爱者，我也，我当善自保养，尽力于社会，以副汝之爱。汝所爱者，威廉也，柏龄也，现在托庇于汝之爱妹，爱护周至，必不让于汝。我回国以后，必躬自抚养，使得受完全教育，为世界上有价值之人物，有的贡献于世界，以为汝母教之纪念，以副汝之爱。呜呼！我所以慰汝者，如此而已。汝如有知，其能满意否耶！

汝自幼受妇德之教育，居恒慕古烈妇人之所为。自与我结婚以后，见我多病而常冒危险，常与我约，我死则汝必以身殉。我谆谆劝汝，万不可如此，宜善抚子女，以尽汝之母之天职。呜呼！孰意我尚未死，而汝竟先我而死耶！我守我劝汝之言，不敢以身殉汝。然后早衰而多感，我有生之年，亦复易尽；死而有知，我与汝聚首之日不远矣。

呜呼！死者果有知耶？我平日决不敢信；死者果无知耶！我今日为汝而不敢信；我今日唯有认汝为有知，而与汝做此最后之通讯，以稍稍纾我之悲悔耳！呜呼！仲玉！

汝夫蔡元培

中华民国十年一月九日

# 记辜鸿铭

胡适

民国十年十月十三夜，我的老同学王彦祖先生请法国汉学家戴弥微先生（Mon Demiéville）在他家中吃饭，陪客的有辜鸿铭先生，法国的 X 先生，徐墀先生，和我；还有几位，我记不得了。这一晚的谈话，我的日记里留有一个简单的记载，今天我翻看旧日记，想起辜鸿铭的死，想起那晚上的主人王彦祖也死了，想起十三年之中人事变迁的迅速，我心里颇有不少的感触。所以我根据我的旧日记，用记忆来补充它，写成这篇辜鸿铭的回忆。

辜鸿铭向来是反对我的主张的，曾经用英文在杂志上驳我；有一次为了我在《每周评论》上写的一段短文，他竟对我说，要在法庭控告我。然而再见面时，他对我总很客气。

这一晚他先到了王家，两位法国客人也到了；我进来和他握手时，他对那两位外国客说：Here comes my learned enemy！大家都笑了。入座之后，戴弥微的左边是辜鸿铭，右边是徐墀。

大家正在喝酒吃菜，忽然辜鸿铭用手在戴弥微的背上一拍，说："先生，你可要小心！"戴先生吓了一跳，问他为什么，他说："因为你坐在辜疯子和徐癫子的中间！"大家听了，哄堂大笑，因为大家都知道，"Cranky Hsü"和"Crazy Ku"的两个绰号。

一会儿，他对我说："去年张少轩（张勋）过生日，我送了他一副对子，上联是'荷尽已无擎雨盖'，——下联是什么？"我当他是集句的对联，一时想不起好对句，只好问他："想不出好对，你对的什么？"他说："下联是'菊残犹有傲霜枝'。"我也笑了。

他又问："你懂得这副对子的意思吗？"我说："'菊残犹有傲霜枝'，当然是张大帅和你老先生的辫子了。'擎雨盖'，是什么呢？"他说："是清朝的大帽。"我们又大笑。

他在席上大讲他最得意的安福国会选举时他卖票的故事，这个故事我听他亲口讲过好几次了，每回他总添上一点新花样，这也是老年人说往事的普通毛病。

安福部当权时，颁布了一个新的国会选举法，其中有一部分的参议员是须由一种中央通儒院票选的，凡国立大学教授，凡在国外大学得学位的，都有选举权。于是许多留学生有学士硕士博士文凭的，都有人来兜买。本人不必到场，自有人拿文凭去登记投票。据说当时的市价是每张文凭可卖二百元。兜买的人拿了文凭去，还可以变化发财。譬如一张文凭上的姓名是（Wu Ting），第一次可报"武定"，第二次可报"丁武"，第三次可报"吴廷"，第四次可说是江浙方音的“丁和”。这样办法，原价二百元的，就可以卖八百元了。

辜鸿铭卖票的故事确是很有风趣的。他说：“×××来运动我投他一票，我说：‘我的文凭早就丢了。’他说：‘谁不认得你老人家？只要你亲自来投票，用不着文凭。’我说：‘人家卖两百块钱一票，我老辜至少要卖五百块。’他说：‘别人两百，你老人家三百。’我说：‘四百块，少一毛钱不来，还得先付现款，不要支票。’他要还价，我叫他滚出去。他只好说：‘四百块钱依你老人家。可是投票时务必请你到场。’选举的前一天，×××果然把四百元钞票和选举入场证都带来了，还再三叮嘱我明天务必到场。等他走了，我立刻出门，赶下午的快车到了天津，把四百块钱全报销在一个姑娘——你们都知道，她的名字叫一枝花——的身上了。两天工夫，钱花光了，我才回北京来。”

“×××听说我回来了，赶到我家，大骂我无信义。我拿起一根棍子，指着那个留学生小政客，说：‘你瞎了眼睛，敢拿钱来买我！你也配讲信义！你给我滚出去！从今天以后不要再上我门来！’那小子看见我的棍子，真个乖乖地逃出去了。”说完了这个故事，他回过头来对我说：“你知道有句俗话：‘监生拜孔子，孔子吓一跳。’我上回听说×××的孔教会要去祭孔子，我编了一首白话诗：

监生拜孔子，孔子吓一跳。

孔会拜孔子，孔子要上吊。

胡先生，我的白话诗好不好？”一会儿，辜鸿铭指着那两位法国客人大发议论了。他说：“先生们，不要见怪，我要说你们法国人真有点不害羞，怎么把一个文学博士的名誉学位送给×××！×先生，你的《××报》上还登出×××的照片来，坐在一张书桌边，桌上堆着一大堆书，题作“×大总统著书之图”！呃，呃，真羞煞人！我老辜向来佩服你们贵国，——La belle France！现在真丢尽了你们的La belle France的脸了！你们要是送我老辜一个文学博士，也还不怎样丢人！可怜的班乐卫先生，他把博士学位送给×××，呃？”

那两位法国客人听了老辜的话都很感觉不安，那位《××报》的主笔尤其脸红耳赤，他不好不替他的政府辩护一两句。辜鸿铭不等他说完，就打断他的话，说：

“Monsieur，你别说了。有一个时候，我老辜得意的时候，你每天来看我，我开口说一句话，你就说：‘辜先生，您等一等。’你就连忙摸出铅笔和日记本子来，我说一句，你就记一句，一个字也不肯放过。现在我老辜倒霉了，你的影子也不上我门上来了。”那位法国记者，脸上更红了。我们的主人觉得空气太紧张了，只好提议，大家散坐。

上文说起辜鸿铭有一次要在法庭控告我，这件事我也应该补叙一笔。在民国八年八月间，我在《每周评论》第三十三期登出了一段随感录：〔辜鸿铭〕现在的人看见辜鸿铭拖着辫子，谈着“尊王大义”，一定以为他是向来顽固的。却不知辜鸿铭当初是最先剪辫子的人；当他壮年时，衙门里拜万寿，他坐着不动。后来人家谈革命了，他才把辫子留起来。辛亥革命时，他的辫子还没有养全，拖带着假发接的辫子，坐着马车乱跑，很出风头。这种心理很可研究。当初他是“立异以为高”，如今竟是“久假而不归了”。

这段话是高而谦先生告诉我的，我深信高而谦先生不说谎话，所以我登在报上。那一期出版的一天，是一个星期日，我在北京西车站同一个朋友吃晚饭。我忽然看见辜鸿铭先生同七八个人也在那里吃饭。我身边恰好带了一张《每周评论》，我就走过去，把报送给辜先生看。他看了一遍，对我说：

“这段记事不很确实。我告诉你我剪辫子的故事。我的父亲送我出洋时，把我托给一位苏格兰教士，请他照管我。但他对我说：‘现在我完全托了 × 先生，你什么事都应该听他的话。只有两件事我要叮嘱你：第一，你不可进耶稣教；第二，你不可剪辫子。’我到了苏格兰，跟着我的保护人，过了许多时。每天出门，街上小孩子总跟着我叫喊：‘瞧呵，支那人的猪尾巴！’我想着父亲的教训，忍着侮辱，终不敢剪辫。那个冬天，我的保护人往伦敦去了，有一天晚上我去拜望一个女朋友。这个女朋友很顽皮，她拿起我的辫子来赏玩，说中国人的头发真黑得可爱。我看她的头发也是浅黑的，我就说：‘你要肯赏收，我就把辫子剪下来送给你。’她笑了，我就借了一把剪子，把我的辫子剪下来送了给她。这是我最初剪辫子的故事。可是拜万寿，我从来没有不拜的。”他说时指着同坐的几位老头子，“这几位都是我的老同事。你问他们，我可曾不拜万寿牌位？”我向他道歉，仍回到我们的桌上。我远远地望见他把我的报纸传给同坐客人看。我们吃完了饭，我因为身边只带了这一份报，就走过去向他讨回那张报纸。大概那班客人说了一些挑拨的话，辜鸿铭站起来，把那张《每周评论》折成几叠，向衣袋里一插，正色对我说：“密斯忒胡，你在报上毁谤了我，你要在报上向我正式道歉。你若不道歉，我要向法庭控告你。”我忍不住笑了。我说：“辜先生，你说的话是开我玩笑，还是恐吓我？你要是恐吓我，请你先去告状；我要等法庭判决了才向你正式道歉。”我说了，点点头，就走了。

后来他并没有实行他的恐吓。大半年后，有一次他见着我，我说：“辜先生，你告我的状子进去了没有？”他正色说：“胡先生，我向来看得起你；可是你那段文章实在写得不好！”

（原载于 1935 年 8 月 11 日《大公报·文艺副刊》第 64 期）

# 回忆辜鸿铭先生

罗家伦

在清末民初一位以外国文字名满海内外，而又以怪诞见称的，那便是辜鸿铭先生了。辜先生号汤生，福建人，因为家属侨居海外，所以他很小就到英国去读书，在一个著名的中学毕业，受过很严格的英国文学训练。这种学校对于拉丁文、希腊文，以及英国古典文学，都很认真而彻底地教授。这乃是英国当时的传统。毕业以后，他考进伯明罕大学学工程（有人误以为他在大学学的是文学，那是错的）。

回国以后，他的工程知识竟然没有发挥的余地。当时张之洞做两湖总督，请他做英文文案。张之洞当年提倡工业建设，办理汉冶萍煤铁等项工程，以“中学为体，西学为用”相号召，为好谈时务之人。他幕府里也有外国顾问，大概不是高明的外国人士，辜先生不曾把他们放在眼里。有一天，一个外国顾问为起草文件，来向辜先生请问一个英文字用法。

辜默然不语，走到书架上抱了一本又大又重的英文字典，砰然一声丢在那外国顾问的桌上说：“你自己去查去！”这件小故事是蔡孑民先生告诉我的，这可以看出辜先生牢骚抑郁和看不起庸俗外国顾问的情形。

民国四年，我在上海愚园游玩，看见愚园走廊的壁上嵌了几块石头，刻着拉丁文的诗，说是辜鸿铭先生做的。我虽然看不懂，可是心里有种佩服的情绪，认为中国人会做拉丁文的诗，大概是一件了不得的事。后来我到北京大学读书，蔡先生站在学术的立场上网罗了许多很奇怪的人物。辜先生虽然是老复辟派的人物，因为他外国文学的特长，也被聘在北大讲授英国文学。因此我接连上了三年辜先生主讲的英国诗这门课程。我记得第一天他老先生拖了一条大辫子，是用红丝线夹在头发里辫起来的，戴了一顶红帽结黑缎子平顶的瓜皮帽，大摇大摆地走上汉花园北大文学院的红楼，颇是一景。到了教室之后，他首先对学生宣告：“我有三章约法，你们受得了的就来上我的课，受不了的就趁早退出：第一章，我进来的时候你们要站起来，上完课要我先出去你们才能出去；第二章，我问你们话和你们问我话时都得站起来；第三章，我指定你们要背的书，你们都要背，背不出不能坐下。”我们全班的同学都认为第一第二都容易办到，第三却有点困难，可是大家都慑于辜先生的大名，也就不敢提出异议。

三年之间，我们课堂里有趣的故事多极了。我曾开玩笑地告诉同学们说：“有没有人想要立刻出名，若要出名，只要在辜先生上楼梯时，把他那条大辫子剪掉，那明天中外报纸一定都会竞相刊载。”当然，这个名并没有人敢出的。辜先生对我们讲英国诗的时候，有时候对我们说：“我今天教你们外国大雅。”有时候说：“我今天教你们外国小雅。”有时候说：“我今天教你们洋离骚。”这“洋离骚”是什么呢？原来是密尔顿（John Milton）的一首长诗 Lycidas。为什么 Lycidas 会变“洋离骚”呢？这大概因为此诗是密尔顿吊他一位在爱尔兰海附近淹死亡友而写成的。

在辜先生的班上，我前后背熟过几十首英文长短的诗篇。在那时候叫我背书倒不是难事，最难的是翻译。他要我们翻什么呢？要我们翻千字文，把“天地玄黄，宇宙洪荒”翻成英文，这个真比孙悟空戴紧箍咒还要痛苦。我们翻过之后，他自己再翻。他翻的文字我早已记不清了，我现在想来，那一定也是很牵强的。还有一天把他自己一首英文诗要我们翻成中文，当然我们班上有几种译文，最后他把自己的译文写出来了，这个译文是：“上马复上马，同我伙伴儿，男儿重意气，从此赴戎机，剑柄执在手，别泪不沾衣，寄语越溪女，喁喁复何为！”英文可能是很好，但译文并不很高明，因为辜先生的中国文学是他回国后再用功研究的，虽然也有相当的造诣，却不自然。这也同他在黑板上写中国字一样，他写中国字常常会缺一笔多一笔，而他自己毫不觉得。

我们在教室里对辜先生是很尊重的，可是有一次，我把他气坏了。这是正当五四运动的时候，辜先生在一个日本人办的《华北正报》（North China Standard）里写了一篇文章，大骂学生运动，说我们这班学生是暴徒，是野蛮。我看报之后受不住了，把这张报纸带进教室，质问辜先生道："辜先生，你从前著的《春秋大义》（The Spirit of the Chinese People）我们读了都很佩服，你既然讲春秋大义，你就应该知道春秋的主张是'内中国而外夷狄'的，你现在在夷狄的报纸上发表文章骂我们中国学生，是何道理？"这一下把辜先生气得脸色发青，他很大的眼睛突出来了，一两分钟说不出话，最后站起来拿手敲着讲台说道："我当年连袁世凯都不怕，我还怕你？"这件事，现在想起来还觉得很有趣味。辜先生有一次谈到在袁世凯时代他不得已担任了袁世凯为准备帝制而设立的参政院的议员（辜先生虽是帝制派，但他主张的帝制是清朝的帝制，不是袁世凯的帝制）。有一天他从会场上出来，收到三百银元的出席费，他立刻拿了这大包现款到八大胡同去逛窑子。北平当时妓院的规矩，是唱名使妓女鱼贯而过，任押妓者挑选其所看上的。辜先生到每个妓院点一次名，每个妓女给一块大洋，到三百块大洋花完了，乃哈哈大笑，扬长而去。

当时在他们旧式社会里，逛妓院与娶姨太太并不认为是不正当的事，所以辜先生还有一个日本籍的姨太太。他是公开主张多妻主义的，他一个最出名的笑话就是："人家家里只有一个茶壶配上几个茶杯，哪有一个茶杯配上几个茶壶的道理？"这个譬喻早已传诵一时，但其本质确是一种诡辩。不料以后还有因此而连带发生的一个引申的譬喻。陆小曼同徐志摩结婚以后，她怕徐志摩再同别人谈恋爱，所以对志摩说："志摩！你不能拿辜先生茶壶的譬喻来作借口，你要知道，你不是我的茶壶，乃是我的牙刷，茶壶可以公开用的，牙刷是不能公开用的！"做文和说理用譬喻在逻辑上是犯大忌的，因为譬喻常常用性质不同的事物做比，并在这里面隐藏着许多遁词。

辜先生英文写作的特长，就是做深刻的讽刺。我在国外时，看见一本英文杂志里有他的一篇文章，所采的体裁是欧洲中世纪基督教常用的问答传习体（Catechism）。其中有几条我至今还记得很清楚，如："什么是天堂？天堂是在上海静安寺路最舒适的洋房里！谁是傻瓜？傻瓜是任何外国人在上海不能发财的！什么是侮辱上帝？侮辱上帝是说赫德（Sir Robert Hatt）总税务司为中国定下的海关制度并非至善至美。"诸如此类的问题有二三十个，用字和造句的深刻和巧妙，真是可以令人拍案叫绝。大约是在一九二〇年美国《纽约时报》的星期杂志上有一篇辜先生的论文，占满第一页全面。中间插入一个辜先生的漫画像，穿着清朝的顶戴朝服，后面拖了一根大辫子。这篇文章的题目是《没有文化的美国》（The Uncivilized United States）。他批评美国文学的时候说美国除了 Edgar Allan Poe 所著的 Annabelle Lee 之外，没有一首好诗。诸如此类的议论很多，可是美国这个权威的大报，却有这种幽默感把他全文登出。美国人倒是有种雅量，欢喜人家骂他，愈骂得痛快，他愈觉得舒服，只要你骂的技术够巧妙。像英国的王尔德、萧伯纳都是用这一套方法得到美国人的崇拜。在庚子八国联军的时候，辜先生曾用拉丁文在欧洲发表一篇替中国说话的文章，使欧洲人士大为惊奇。善于运用中国的观点来批评西洋的社会和文化，能够搔着人家的痒处，这是辜先生能够得到西洋文艺界赞美佩服的一个理由。

无疑义的，辜先生是一个有天才的文学家，常常自己觉得怀才不遇，所以搞到恃才傲物。他因为生长在华侨社会之中，而华侨常饱受着外国人的歧视，所以他对外国人自不免取嬉笑怒骂的态度以发泄此种不平之气。他又生在中国混乱的社会里，更不免愤世嫉俗。他走到旧复辟派这条路上去，亦是不免故意好奇立异，表示与众不同。他曾经在教室里对我们说过：“现在中国只有两个好人，一个是蔡元培先生，一个是我。因为蔡先生点了翰林之后不肯做官就去革命，到现在还是革命。我呢？自从跟张文襄（之洞）做了前清的官以后，到现在还是保皇。”这可能亦是他自己的解嘲和答客难吧！

（作于 1956 年 1 月 5 日）

# 辜鸿铭先生轶事

梁实秋

辜鸿铭先生以茶壶譬丈夫，以茶杯譬妻子，故赞成多妻制，诚怪论也。

先生之怪论甚多，常告人以姓辜之故，谓始祖寔为罪犯。又言始祖犯罪，不足引以为羞；若数典忘祖，方属可耻云。

先生深于英国文学之素养。或叩以养成之道，曰：先背熟一部名家著作作根基。又言今人读英文十年，开目仅能阅报，伸纸仅能修函，皆由幼年读一猫一狗式之教科书，是以终其身只有小成。先生极赞成中国私塾教授法，以开蒙未久，即读四书五经，尤须背诵如流水也。

先生之书法，极天真烂漫之致，别字虽不甚多，亦非极少。盖先生生于异国，学于苏格兰，比壮年入张之洞幕，始沉潜于故邦载籍云。

先生好选《诗经》中成句，译英文诗，虽未能天衣无缝，亦颇极传神之妙，惜以古衣冠加于无色民族之身上耳，先生以“情”译 poetry，以“理”译 philosophy，以“事”译 history，以“物”译 science, 以“阴阳”译 physic，以“五行”译 chemistry，以“红福”译 Juno，以“清福”译 Minerva，以“艳福”译 Venus，于此可见其融合中外之精神。

先主喜征逐之乐，顾不修边幅，既垂长辫，而枣红袍与天青褂上之油腻，尤可鉴人，粲者立于其前，不须揽镜，即有顾影自怜之乐。先生对于妓者颇有同情，恒操英语曰：Prostitude 者，Destitude 也。（意谓卖淫者卖穷也。）

先生多情而不专，夫人在一位以上。尝娶日妇，妇死哭之悲，悼亡之痛，历久不渝。先生尝患贫，顾一闻丐者呼号之声，立即拔关而出，畀以小银币一二枚，勃谿之声，尝因之而起。

先生操多种方言，通几国文字；日之通士，尤敬慕先生，故日本人所办之英文报纸，常发表先生忠君爱国之文字。文中畅引中国经典，滔滔不绝，其引文之长，令人兴喧宾夺主之感，顾趣味弥永，凡读其文者只觉其长，并不觉其臭。

（原载于 1927 年 7 月 12 日上海《时事新报 · 青光》）

# 大学教育之主要方针

竺可桢

诸位同学，这次中央任命本人来担任本校校长。我个人以前对大学教育虽也有相当渊源，但近年潜心研究事业，深恐对于这样重大的责任，不胜负荷，因当局责以大义，才毅然来担任了。今天与诸位同学第一次见面，就来略谈本人办学的主要方针，和我对于本校与诸位同学的希望。

## 明了往史与现势二条件

大概办理教育事业，第一须明白过去的历史，第二应了解目前的环境。办中国的大学，当然须知道中国的历史，洞明中国的现状。我们应凭借本国的文化基础，吸收世界文化的精华，才能养成有用的专门人才，同时也必根据本国的现势，审察世界的潮流，所养成人才才能合乎今日的需要。可是我们讲过去的历史，一方面固然绝不能忘了本国民族的立场，也不能不措意于本地方的旧事和那地方文化的特色。本校诚然是国立的大学，可是办在浙江，所培植的学生又多数是浙江人，诸位将来又大致多在浙江服务，所以我们也应得注意本省学术文化的背景。

## 浙江的开化与学术的发达

我们回溯浙江的往史，就容易联想到浙江省是越王勾践的故地；他那兴国的事业，雪耻自强的教训，深深地印入浙人的脑际。自东晋民族南迁，五代时吴越钱氏保浙，于是浙水东西开发日广，浙江文化与江南相并进。南宋定都杭州以后，浙江尤成为衣冠人文荟萃之邦，学风盛极一时。这其间既然发生许多极有贡献的学者，而如南宋浙人的匡业与捍卫，明代于谦的定边与浙海的抗倭，以及明季的匡复运动，常以一省的人文关系民族的安危存亡，尤足见本省的特殊精神。这些远的姑不具论，只就近三百年的浙江学术史中，我们就可举出两位杰出的人物。

## 黄梨洲和朱舜水

他们承晚明败坏之余，而能矫然不阿，以其宏伟的学问、光明的人格，不但影响浙江，且推及全国，甚至播教于海外，并且影响不限一时，而且及于身后几百年，这就是我们共知的黄梨洲先生（宗羲）和朱舜水先生（之瑜）。黄梨洲因为图谋抗清复明，被清廷指名缉捕至十一次之多。匡复之谋不成，乃奋志著述讲学。他那部《明夷待访录》，包含了浓厚的革命思想，《原君》之作，早于卢梭的《民约论》一百年，实为近代民权思想的先觉。他所至讲学，著述极富，弟子光大其教，影响吾浙学风甚深。朱舜水与梨洲是余姚的同乡，并且同是复明运动的健将，曾到安南、日本运动起义，事既不成，就隐遁日本，立誓不复明就不回国，因此终其身于异国。那时日本人已传入我们浙江大儒王阳明先生的学说，他的伟大人格也就引起他们的重视。日本宰相德川光国尊之为师，讲学论艺，启导极多。所以梁任公先生说，日本近二百年的文化，至少有一半是他造成的。

## 致力学问与以身许国

梨洲舜水二位先生留给我们的教训，就是一方为学问而努力，一方为民族而奋斗。因为他们并不仅为忠于一姓，推其抗清的热忱，就是抵抗侵略的民族精神。我们不及详说浙江其他伟大的学者，单说这二位先贤，已足为今日民族屈辱中我们所以报国的模范。我们生在文化灿烂的中国，又是生在学术发达先行足式的浙江，应如何承先启后，以精研学术，而且不忘致用实行为国效劳的精神！

## 中国目前环境的艰危

其次讲到中国“目前的环境”，我们有知识有血气的青年早已感到今日国家情势的危迫。近百年来列强侵略进行不息，中国不能发奋自强，以致近几年国家已到了最严重的危机。外患的迫切，一般人民风习之不振，较之明清间更有过之。现在国内诚已统一，可是野心家不愿见我们的统一进步。他们可说是抱着“两重标准”的观念来任意行动。所谓“两重标准”，从前是指中国社会里的男女道德问题；因为本着男女不平等的传统观念，所以法律容许男子纳妾，而风教强迫女子于夫死守节，这可说是两重标准。现在国际间关系也是如此。我们应知一国的强弱盛衰，并非偶然而致，而有积久的自取的理由。人和别的生物一样，一定要适应环境，才能生存，否则就趋于衰败或归淘汰。现在这世界是机械的世界，是科学的世界。中国人对于科学的研究，虽有深远的渊源，可是不久中衰，清季兴学以来也继起不力。今后精研科学，充实国力，大学生固然应负极重大的责任，而尤其重要的是养成一种组织和系统的精神。我们知道现今的世界一切事物最重组织，可是中国社会的旧习惯与此很难契合。中国人民积习最喜个人放任无拘的自由，试问我们以散沙一盘的许多个人来和有组织有规律的现代国家对敌，必无胜理。

## 民族自由重于个人自由

今后我们的问题，就是：“个人的自由要紧呢？还是全民族自由要紧？”我们大家对此应加以深切考虑。如果明白了“民族没有自由，个人合理的自由也失去保障”，我们就必须以实心实力共来完成民族的自由。浙江在中国政治经济文化的地位都极重要，浙江大学的学生就“目前的环境”一层上着想，尤应刻苦砥砺，才无负本省过去光荣的地位，与今后神圣的使命。

以上就过去历史和目前环境两方面来讨论中国和浙江省的地位，来证明本校所负的历史的和时代的使命；而同时也将我对于本校教育方面的宗旨和趋向说明了。现在再从学校教科等各方面来略说我个人的意见，并且就此提及我们今后想走的途径。

## 教授人选的充实

一个学校实施教育的要素，最重要的不外乎教授的人选、图书仪器等设备和校舍建筑。这三者之中，教授人才的充实，最为重要。教授是大学的灵魂，一个大学学风的优劣，全视教授人选为转移。假使大学里有许多教授，以研究学问为毕生事业，以教育后进为无上职责，自然会养成良好的学风，不断地培植出来博学敦行的学者。我们中国之有现代式的大学，虽还只是近四十年间事，但历史上的国子监实际上近乎国立大学，而许多大书院也具有一时私立大学的规模。南宋国子监就是在杭州城西纪家桥，而万松岭的万松书院，到清代改敷文书院，源深流长，并可见浙省渊源之早。书院教育，最有“尊师重道”的精神，往往因一两位大师而造成那书院的光彩。例如讲到白鹿书院就令人联想到朱晦庵，鹅湖书院就因陆象山讲学而出名。近代的大学也正是如此。例如英国剑桥大学卡文迪什实验室之所以出名，就因为J.J. 汤姆逊、卢瑟福几位教授。三十年前美国哈佛大学之所以能吸引了许多国内外的学生去研究哲学，就因为有了 J. 罗伊斯、桑塔亚那、W. 詹姆斯诸教授的主讲。俄国出了一位巴甫洛夫教授，使俄国的生理学闻名于世。所以有了博学的教授，不但是学校的佳誉，并且也是国家的光荣；而作育人才以为国用，流泽更是被于无穷。现在中国的大学太缺乏标准，但几个著名的大学也多赖若干良教授而造就甚宏。不过要荟萃一群好教授，不是短时期内所能办到，而必须相当的岁月，尤须学校有安定的环境。因为教授在校有相当的年份，方能渐渐实现其研究计划，发挥其教育效能；而且对学术感情日增，甚至到终身不愿离开的程度，这才对学术教育能有较大的贡献。

本人决将竭诚尽力，豁然大公，以礼增聘国内专门的学者，以充实本校的教授。尤希望学生对于教师，必须有敬意与信仰，接受教师的指导，方能发挥教师诲人不倦的精神。

## 图书仪器设备的重要

其次讲到设备。人才诚然重要，可是图书仪器等设备也是学校所不能忽视的，尤其是从事高深研究的大学。一个大学必有众多超卓的学者，才能感得图书设备的重要，而且会扩充合用的图书；也惟有丰富的图书，方能吸引专家学者，而且助成他们的研究与教导事业。简言之，人才与设备二者之间是必然辅车相依，相得益彰的。俗话说：“工欲善其事，必先利其器。”所以教授学生欲利其研究，必须充实其图书仪器各项的设备。

现在中国许多大学有一共通的弊病，即在经常费中，教职员薪给之比例太高，而图书设备费的比率太低。在这种情形之下，就是有优良教授也无所施其技，且设科太繁，或职员人数太多，结果连一个院或系都不能健全发展。我们听到一部分大学近年颇致力扩充其图书馆，固为可喜的现象，然而图书究是一般的贫薄。据我所知，除清华大学藏书廿八万余册，中山大学、燕京大学各约二十七万册，北京大学二十三万册，已算最多。次则中央大学、金陵、岭南、南开也都在十五万册以上。此外则图书在五万册以上的大学，已是寥寥，甚至还有图书不及万册的也居然称学院或专校了。我们若就欧美举一二个例，柏林大学图书馆藏书达二百万册，且得普鲁士邦立图书馆（藏书二百五十万册）的协助。哈佛大学图书馆现有图书三百七十万册，去年一年增加新书五万余册。可惜中国大学多不知重视图书之充实，而犹诩然自负为“最高学府”。19世纪英国文学家加莱尔说：“一个好的图书馆就是大学。”公共图书馆尚且如此，大学图书馆自更有高尚的学术价值了。所以我以为大学经常费，关于行政费应竭力节省，教职员薪金所占不能超过70%，而图书仪器设备费应占20%或至少15%。本校因扩充成立为时尚近，听说图书仅六万册之谱，虽说省立图书馆近在咫尺，可助应用，但那边究以旧书为多，所以专门的中西文新书以及基本名著，本校实大有充实之必要。本人已在考量扩充图书馆的地位，下年度起并将谋增加购书经费。就是各系仪器，也当陆续添补，以发挥增高研究实验的效率。至于如何酌减学生上课的时间，促进利用图书馆和自由研究的习惯，或增进教师对学生课外的指导，凡此种种，还得和各教授共同研究，力谋以图书馆实验室来辅助大学教育的成功。

## 校舍的最低标准

复次，是校舍问题。我们对于现今社会之过重屋宇的建筑，固然有些怀疑；如大学校舍已有相当基础，而竟不知充实设备，只求大规模的兴筑新宇，我曾谓为是缺乏办学的常识。可是一个大学的环境原也重要，相当完整的校舍也是决不容忽视的。我今天视察了本校文理学院、工学院房子之后，才觉得浙大校舍需要改建和添建的迫切。大概要建筑校舍，第一需有具体的计划，计划既定，步步进行，这样建筑的形式，才能调和，而不致相互枘凿。第二，房屋要求其坚固合用，最好更能相对的顾及美观，但不必求其讲究奢华。目前全国各国立大学中，浙大的校舍恐怕要算最简陋；除一小部分外，大都是陈旧不整齐而且不敷应用。郭校长在任的时期，在华家池新建了农学院新舍、文理学院里的新教室和其他几所小房子，终算立了相当的基础，但为适应目前的需要，修建的要求还很迫切。现在中央财政的艰绌，在此非常时期中教育经费开源诚极不易；然而一个大学，如欲使其存在发展，最低限度的校舍建筑是不可少的。我此刻确已感到校舍修理和增筑的必要，此后自当设法进行临时费，从事规划，以逐渐实现最低限度的本校校舍，改善诸君读书的环境。

## 贫寒子弟的求学机会

为了奖励贫寒好学的子弟，我已订定了在本校设置公费生的办法。对此一事，我以为有极充分的理由。在从前科举取士及书院通行的时代，中国的教育可还说是机会均等的，所以我们在历史上常听到由寒士登科而成名立业的，在清代书院养士制度下也造就了不少的贫寒子弟。自从学校制兴，有学费的明白规定，情形就渐渐不同了。近来国民经济的低落，与学校收费及生活费的提高，恰恰成了反比例，因此这问题就更见严重。中国读书已非每年五十元或一百元不办，等到一进大学，每年连个人日用有需四五百元以上者，至少也得要二三百元之则。大学变成有资产的子女所享受，聪颖好学但是资力不足的人家完全没有同样机会。这样的教育制度，不但是对人民的不公允，并且因为埋没了许多优良青年，对于社会与国家更是莫可挽回的损失。我以为天才尽多生在贫寒人家，而贫困的环境又往往能孕育刻苦力学的精神。所以如何选拔贫寒的优秀学生使能续学，实在是一国教育政策中之一种要图。

## 运用自己思想的重要

关于诸同学的学业指导和人格训练的各方面，个人虽还有许多意见，可是匆促之间，不能充分讲明。不过有一点在此刻不能不一提的，就是希望诸君能运用自己的思想。我们受高等教育的人，必须有明辨是非、静观得失、缜密思虑、不肯盲从的习惯；然后在学时方不致害己累人，出而立身处世方能不负所学。大学所施的教育，本来不是供给传授现成的知识，而重在开辟基本的途径，提示获得知识的方法，并且培养学生研究批判和反省的精神，以期学者有自动求智和不断研究的能力。大学生不应仍如中学生时代之头脑比较简单，或者常赖被动的指示，而必须注意其精神的修养，俾能对于一切事物有精细的观察、慎重的考虑、自动的取舍之能力。我们固不肯为传统的不合理的习惯所拘束，尤不应被一时感情所冲动，被社会不健全潮流所转移，或者受少数人的利用。今后赖许多教授的指导和人格感化，希望诸位更能善于运用自己的思想，不肯作轻率浮动的行为。十年廿年以后的诸君，都可成社会的中坚分子，而中国今后是最需要头脑清楚、善用思想的人物。

总之，我希望诸位同学要深切体念在今日中国受高等教育者的稀少，因此益自觉其所负使命的重大，努力于学业、道德、体格各方面的修养，而尤须具缜密深沉的思考习惯。一个学校的健全发展，自然有赖教授校长之领导有方，同时尤需要全体学生有深切的自觉与实际的努力。

本人愿以最大的诚意与专注的精神，来力谋浙江大学的进展，而要达到相当的成功，必然期待诸位的合作和努力。

（原载于1936年4月25日《国立浙江大学校刊》第248期）

# 教育家张伯苓

胡适

“我既无天才，又无特长，我终身努力小小的成就，无非因为我对教育有信仰有兴趣而已。”这句话是张伯苓的自述。他还常常喜欢引用一位朝鲜朋友的评语：“张伯苓是一个极其简单的人，不能跟同时代的杰出人物争一日之长短，但是他脚踏实地地苦干，在他的工作范围里，成就非凡。”

他 20 岁就从事于教育，第一期学生不过 5 个人。1917 年，他 41 岁，南开中学已有 1000 个学生。到了 1936 年，他 60 大寿的时候，南开大中小学共有学生 3000 名。1937 年，天津校舍被毁于日军，其时他早已在重庆设立南渝中学，不到几年，学生增至 1000 多人，又成为全国首屈一指的中学。

## 严复的学生

张伯苓于 1876 年 4 月 5 日生于天津。其父博学多能，爱好音乐，尤善琵琶和骑马射箭，惜以沉溺于逸乐，以致家产荡然。续弦生伯苓时，已甚穷困，授徒以自给，深痛自己的不能振作，乃决计令伯苓受良好教育，严格的修身。

伯苓年 13，以家学渊源考入北洋海军学校。该校系严复、伍光建等三五留英学生主持，伯苓每届考试必列前茅。该校教师中有苏格兰人麦克礼者，讲解透彻，更佐以日常人格的熏陶，受业诸生获益匪浅，其于伯苓亦留下深刻难忘的印象。伯苓于 1894 年以第一名毕业，时年还不过 18 岁。

## 威海卫的刺激

是年，中国海军于第一次中日战争中大败，几乎全军覆没，甚至于不留一舰可供海军学校毕业生实习之用。伯苓于是不得不回家静候一年，然后得入海军实习舰通济号见习军官三年。伯苓即在该舰遭遇他终身不忘的国耻，决心脱离海军，从事教育救国事业。

缘自中国败于日本之后，欧洲帝国主义者在中国竞相争夺势力范围，伯苓即于其时在威海卫亲身经历到中国所受耻辱的深刻。威海卫原为中国海军军港，中日之战失败后，即被日军占领，旋由三国干涉交还中国，转租于英。伯苓目击心伤，喟然叹曰："我在那里亲眼目睹两日之间三次易帜，取下太阳旗，挂起黄龙旗；第二次，我又看见取下黄龙旗，挂起米字旗。当时说不出的悲愤交集，乃深深觉得，我国欲在现代世界求生存，全靠新式教育，创造一代新人。我乃决计献身于教育救国事业。"

## 南开的滥觞

张氏此种觉悟，此种决心，足以反映当时普及全国的革新运动。戊戌政变就是这种运动的高潮，可惜这种新运动不敌慈禧太后的反动势力而失败了。伯苓时年22岁，欣然应严修之聘，在其天津住宅设私塾教授西学。严氏私塾名“严馆”，学童为严修之子等5人。此为张氏一生从事教育事业的开端。

伯苓结识严修，于后来南开的开办与发展的影响很大。严修字范孙，为北方学术界重镇，竭诚提倡新思潮新学说，不遗余力，而且德高望重，极受津人的景仰。伯苓得其臂助，为南开奠定巩固的始基。伯苓当时的教授法已极新颖，堪称为现代教育而无愧色。所授课程且有英文、数学和自然的基本学识，尤注重学生的体育。伯苓且与学生混在一起共同做户外运动，如骑脚踏车、跳高、跳远和足球之类。同时注重科学和体育，师生共同学习，共同游戏。张氏于此实为中国现代教育的鼻祖之一。

1903年，张伯苓和严修赴日考察大中学校教育制度，带回许多教育和科学的仪器。张严两氏咸以日本教育发达，深受感动。回国后，即以严氏一部分房屋，将私塾改为正式中学，名曰第一私立中学。1904年开学，学生73人，每月经费纹银200两，由严张两家平均负担。1906年，某富友捐赠天津近郊基地名“南开”者作为新校校址。从此，南开与张伯苓两个名字，在中国教育史上永占光荣的一页。

## 73 到 3000

南开开办之初，基地不过两亩，不到几年，即在附近添购一百亩以上，以供扩充。南开大学系于 1919 年开式开学，设文理商三科，翌年增设矿科。经济所则系于 1931 年设立，下一年又增设化学研究所。南开中学女子部则系于 1923 年设立，并于 1928 年设立实验小学。到了 1932 年，南开已完成了五个部门，即大学部、研究院、男子中学、女子中学及小学。在毁于日军的前几年，学生总数已达 3000 人。

## 欠债办学新理论

南开之有此成绩，须归功于张伯苓先生之领导，这是尽人皆知的事实。他常对友人说：“一个教育机关应当常常欠债。任何学校的经费，如在年终，在银行里还有存款，那就是守财奴，失去了用钱做事的机会。”他开办学校可说是白手起家，他不怕支出超过预算。他常是不息地筹谋发展新计划，不因缺少经费而阻断他谋发展的美梦。他对前途常是乐观的。他说：“我有方法自骗自。”其实，就是船到桥头自然直。结果呢，确实常常有人帮助他实行新计划。

张氏在他的自传里说：“南开学校诞生于国难，所以当以改革旧习惯、教导青年救国为宗旨。”他还说中国的弱点有五，即 1. 体弱多病；2. 迷信，缺乏科学知识；3. 贫弱；4. 不能团结；5. 自私自利。

张氏为改良中国的弱点，因而提出五项教育改革方针。他主张新教育，第一，必须改善个人的体格，使宜于做事；第二，必须以现代科学的结果和方法训练青年；第三，必须使学生能组织起来，积极参加各种团体生活，共同合作；第四，必须有活泼的道德修养；第五，必须感化每一个人都有为国宣劳的精神。

由今日视之，这些不免是老生常谈，然而，张氏使这些精神贯注于其学校的生活，成为不可分离的部分，实在是张氏办教育的极大成就。

## 校长先生演话剧

此外，除教会学校之外，南开在中国人自办的学校中间，以体育最出名最有成绩，无论在全国运动会或远东运动会，南开的运动选手成绩都很好。自 1920 年来，张氏在迭次全国运动会中被聘为裁判长。这些都得力于他终身提倡体育及在各种运动比赛中着重运动道德的缘故。南开还以训练团体生活共同合作著称。南开最有名的学生活动，就是他的新剧社。早在 1909 年，张氏即已鼓励学生演剧了。他还亲自为他们写作剧本，指导他们表演。他还以校长身份不惜担任剧中主要角色，使外界观之惊骇不止，认为有失体统。后来，他的胞弟张彭春先生在哥伦比亚大学研究文学和戏剧归国，接受他的衣钵，导演几本新剧，公演成绩非常可观。易卜生的《玩偶家庭》和《人民公敌》，由张氏导演，极得好评。

## 炸不毁的南开

南开的遭遇日军炸毁，在张氏及其同僚原属意料中事。1935年，张氏早已到四川各地查勘适宜的地址，俾做迁校之计。数个月后，他又派南开中学教务主任到华西去考察是否有设立华西分校的可能，不久决定在重庆近郊兴建校舍。1936年的9月新校开学，名南渝中学；1938年，应南开同学会的建议，改称重庆南开中学。南开则从教育部建议，与清华大学和北京大学合并，在长沙开学，校名联合大学。迄至1937年，长沙被敌机轰炸，联大奉命迁往昆明，校名改称国立西南联合大学。

当其时，张氏大部分时间都留在重庆南开中学。南开新校舍又被日机轰炸。1940年8月，南开新校舍落下巨型炸弹30枚，但是被毁校舍旋即修复，弦歌始终未曾中辍。

张氏爱国，对于国家政治的发展自然极为注意。唯恐天下不乱政府屡以要职，且曾邀其出任教育部长及天津市长，均被婉辞谢绝，以便有机会以全副精神实现南开的教育理想。及至战时，国家处于危急存亡之秋，乃投身政治。1938年，国民参政会成立，张氏当选副议长，迭次出席会议，不常发表议论，其力量则在驻会委员会发挥之。张氏希望教他每个学生都有政治的觉醒，虽则不一定人人参加政府。

（作于1947年，原文系英文）

# 第一流的教育家

陶行知

我们常见的教育家有三种：一种是政客的教育家，他只会运动，把持，说官话；一种是书生的教育家，他只会读书，教书，做文章；一种是经验的教育家，他只会盲行，盲动，闷起头来，办……办……办。第一种不必说了，第二、第三两种也都不是最高尚的。依我看来，今日的教育家，必定要在下列两种要素当中得了一种，方才可以算为第一流的人物。

（一）敢探未发明的新理

我们在教育界做事的人，胆量太小，对于一切新理，大惊小怪。如同小孩子见生人，怕和他接近。又如同小孩子遇了黑房，怕走进去。究其结果，他的一举一动，不是乞灵古人，就是仿效外国。也如同一个小孩子吃饭、穿衣，都要母亲帮助，走几步路，也要人扶着，真是可怜。我们在教育界任事的人，如果想自立，想进步，就须胆量放大，将试验精神，向那未发明的新理贯射过去；不怕辛苦，不怕疲倦，不怕障碍，不怕失败，一心要把那教育的奥妙新理，一个个地发现出来。这是何等的魄力，教育界有这种魄力的人，不愧受我们崇拜！

（二）敢入未开化的边疆

从前的秀才以为“不出门能知天下事”，久而久之，“不出门”就变作“不敢出门”了。我们现在的学子，还没有解脱这种风气，试将各学校的《同学录》拿来一看，毕业生多半是在本地服务，那在外省服务的，已经不可多得，边疆更不必说了。一般有志办学的人，也专门在有学校的地方凑热闹，把那边疆和内地的教育，都置之度外。推原其故，只有一个病根，这病根就是怕。怕难，怕苦，怕孤，怕死，就好好地埋没了一生。我们还要进一步看，这些地方的教育究竟是谁的责任？我们要晓得国家有一块未开化的土地，有一个未受教育的人民，都是由于我们没尽到责任。责任明白了，就放大胆量，单身匹马，大刀阔斧，做个边疆教育的先锋，把那边疆的门户，一扇一扇地都给它打开。这又是何等的魄力！有这种魄力的人，也不愧受我们崇拜。

敢探未发明的新理，即是创造精神；敢入未开化的边疆，即是开辟精神。创造时，目光要深；开辟时，目光要远。总起来说，创造、开辟都要有胆量。在教育界，有胆量创造的人，即是创造的教育家；有胆量开辟的人，即是开辟的教育家，都是第一流的人物。大丈夫不能舍身试验室，亦当埋骨边疆尘，岂宜随便过去！但是这种人才，究竟要到什么时候才能出现？究竟要由什么学校造就？究竟要用什么方法养成？可算是我们现在最关心的问题。

（原载于1919年4月21日《时报·教育周刊·世界教育新思潮》第9号）

# 学做一个人

陶行知

我要讲的题目是："学做一个人"。要做一个整个的人，别做一个不完全、命分式的人。中国虽然有四万万人，试问有几个是整个的人？诸君试想一想："我自己是不是一个整个的人？"

《抱朴子》上有几句话："全生为上；亏生次之；死又次之；不生为下。"

但是何种人算不是整个的人呢？依我看来，约有五种：

（一）残废的——他的身体有了缺欠，他当然不能算是整个的人。

（二）依靠他人的——他的生活不是独立的；他的生活只能算是他人生活的一部分。

（三）为他人当作工具用的——这种人的性命，为人所支配，没有自己独立的人格。

（四）被他人买卖的——被贩卖人口者所贩卖的人，就是猪仔；或是受金钱的贿赂，卖身的议员就是代表者。

（五）一身兼管数事的——人的一分精神只能专做一件事业，一个人兼了十几个差使，精神难以兼顾，他的事业即难以成功，结果是只拿钱不做事。

我希望诸君至少要做一个人；至多也只做一个人，一个整个的人。做一个整个的人，有三种要素：

要有健康的身体——身体好，我们可以在物质的环境里站个稳固。诸君，要做一个八十岁的青年，可以担负很重的责任，别做一个十八岁的老翁。

要有独立的思想——要能虚心，要思想透彻，有判断是非的能力。

要有独立的职业——要有独立的职业，为的是要生利。生利的人，自然可以得到社会的报酬。

我觉得中学生有一个大问题，即是"择业问题"。我以为择业时要根据个人的才干和兴趣。做事要有快乐，所以我们要根据个人的兴趣来择业。但是我们若要做事成功，我们必要有那样的才干。

我曾做了一首白话诗，说人要有独立的职业：

滴自己的汗；吃自己的饭。

自己的事，自己干。

靠人，靠天，靠祖先，都不算好汉。

现在我们专讲“学”和“做”二个字，要一面学，一面做。“学”和“做”要连起来。英语 Learn by doing，也就是这个意思。我们要应用学理来指导生活，同时再以生活来印证学理。

将来诸君有的升学，有的就职业，但是为学的方法全要研究。学农的人要有科学的脑筋和农夫的手；学工的人，也要有科学的脑筋和工人的手。这样他才可以学得好。

我希望到会的个人，是四万万人中的一个人。诸君还要时常想：

中国有几个整个的人？

我是不是一个整个的人？

（1925 年底在南开学校的演讲词，原载于 1926 年 2 月 28 日《生活周刊》第 1 卷第 19 期）

# 儿童用书选择标准

陶行知

书有两种：一种是吃的书；一种是用的书。

吃的书当中，有的好比是白米饭，有的好比是点心，有的好比是零食，有的好比是药，有的好比是鸦片。

中国是吃的书多，用的书少。吃的书中是鸦片的书多，白米饭的书少。

我从前写了四句三字经，警告了一般不劳而获的人："不做事，要吃饭。什么人，是混蛋！"

吃饭不做事，尚且不可，何况吃鸦片而不做事！

一个过合理生活的人，三餐饭当然是要吃的，可是也不能忘记那八小时的工作。要想工作做得好，必须有用的书。用的书没有，如何去做？一个学校要想培养双手万能的学生，自然要多备用的书，少备吃的书，而吃的书中尤须肃清一切乌烟瘴气的书。

可是，现在中国学校里的情形，适得其反：只有吃的书，没有用的书，而吃的书中，多是一些缺少滋养料的零食与富麻醉性的鸦片。在这些书里讨生活的学生们，自然愈吃愈瘦，愈吃愈穷，愈吃愈不像人。

我们要少选吃的书，多选用的书。我们对于书的态度之变更，是由于我们对于儿童的态度之变更。我们在《儿童生活》杂志上发表对于儿童的根本态度是：

儿童是新时代之创造者；不是旧时代之继承者。儿童是创造产业的人；不是继承遗产的人。儿童生活是创造、建设、生产；不是继承、享福、做少爷。新时代的儿童是小工人。这工人，是广义的工人，不是狭义的工人。在劳力上劳心便是做工。这样做工的人都叫作工人。新时代的儿童，必须在劳力上劳心，又因他年纪小一些，所以称他为小工人。小工人必是生产的小工人，建设的小工人，实验的小工人，创造的小工人，改革的小工人。儿童的生活便是小工人生活，小生产生活，小建设生活，小实验生活，小创造生活，小改革生活。

儿童用书便是小工人生活之写实与指导。这里面所要包含的是一些小生产、小建设、小实验、小创造、小改革、小工人的人生观。

无论他是生产也好，建设也好，实验也好，创造也好，改革也好，他必须做工，他必须在劳力上劳心，他必须在用手时用脑。

这里所画的画，是小工人做工之画；所唱的歌，是小工人做工之歌；这里所问的问，是小工人做工之问；这里所答的答，是小工人做工之答；这里所用的数，是小工人做工之数；这里所写之文字，是小工人做工之文字；这里所介绍的工具，是小工人做工之工具；这里所说的故事，是小工人做工之故事；这里所讲的笑话，是小工人做工之笑话；这里所主张的人生观，是小工人认真做工之人生观。

儿童用书既是以指导儿童做工为主要目的，那么，一本书之好坏，可以拿下列三种标准判断它：（一）我们要看这本书有没有引导人动作的力量，有没有引导人干了一个动作又干一个动作的力量。（二）我们要看这本书有没有引导人思想的力量，有没有引导人想了又想的力量。（三）我们要看这本书有没有引导人产生新价值的力量，有没有引导人产生新益求新的新价值的力量。

怎样叫产生新价值？鲁滨孙在失望之岛上需要一个缸子装水，愁着造不起来。一天，他看见锅灶前有一块碎土，拿起来觉得坚如石头。他想这或许是泥土见火变成的；继而他又想，碎土既能烧成石头，倘使把这种土做成一只缸儿，也或者可以烧成坚如石头的水缸。他于是动手做了三只小缸，架起火来烧了几十个钟头，渐渐地让它们冷下来，破了一只，其余两只居然是点水不漏。这里有动作，有思想，有新价值之产生——泥土的价值变为水缸的价值。

让我再举一个物质未变而价值变了的例子。贾母在大观园里请客游船。她和刘姥姥以及长一辈的坐了一只船向前走，后面宝玉、宝钗、黛玉姊妹们另外坐了一只跟着。宝玉说：“这些破荷叶可恶！叫人来把他砍掉。”黛玉说：“李义山的书我素不喜读，只喜他一句：‘留得残荷听雨声。’”宝玉说：“果然好句，以后再别叫人把荷叶砍掉。”宝玉要砍荷叶便是动作之始，黛玉想了一下，将她所想的结果，说给宝玉听，宝玉想了一想引起态度上一个根本的变化，破荷叶没有变而它的价值变了——可憎恶的破荷叶变成了天然的乐器。这叫作新价值之产生。

上述之三种标准是选择用书标准。这在用书众多的社会里固可以任您挑选，而在用的书少吃的书多之中国，这些标准实不啻虚设。但依此标准以编可用之书，也是有志造福儿童者之一件大事。暂时，如用书可选者很少，不妨在各书中选择可用的材料，沙里淘金，劳而后获。这些标准也似乎有它们的用处。

（原载于1931年4月15日《儿童教育》第3卷第8期）

# 论看电影流泪

林语堂

因为我看电影常流泪，所以看见隔座姑娘拿手绢擤鼻子，或是出来颊上留两条泪痕，便觉得比较喜欢她，相信她大概心肠不错。对于哭这件事，成年人多半以为难为情，虽然中西略略不同。先就这中西不同讲讲。中国人常有君臣“对哭”，有请愿团“跪哭”之事，为西洋所无的。尤其是英国人，他们哭不肯出声，也不肯叫你看见。英国教育最重“人格”（Character），而所谓“人格”大部分是指勇毅、含忍、动心忍性的功夫。英国人动起怒，先把牙关咬紧，一声不响，即所谓Character。英国公学小学生被大学生欺负，吃了几记耳光，打了几个嘴巴，不哼一声，就叫人佩服，说这孩子是贵族家庭出身，有大家子弟的模样。这在英国话叫作“吃得起拳头”（Can take a beating）。后来这话就成普通用法。比方你对英国人说，某人能吃得苦，有毅力，英国人便说：“Oh，yes，he can take a lot of beating.”（可以吃得起几下拳头。）这是很称赞的话，是说他不遇事畏难而退，强邻踢他几下，他不便叫人家爹爹。他们古老时代就是如此的，古代英文文学中的英雄，创伤要死，便是负伤逃到人迹不到之地静静死就是这个意思。一直到现在，英皇卧房墙上所挂的祷文六句，一句便是：“If I am called upon to suffer，let me be like a goodbred beast that goes away to suffer in silence.”（如果我命中须受苦，让我学有风度的野兽，避入野处去静中受苦。）最近南京大戏院有 Dark Angel 影片，便全是这种英国绅士的表现。一人爱一女子，战地受伤，两目失明，便离乡背井，放弃他舒服的家庭，隐名去住乡僻，绝不肯叫爱他的女子矜怜他、扶助他，这也是一个最特别最明显的例。因为这个不同的传统，所以英国人便不肯在人前流泪。

中国人整个看法不同，对于忧伤喜怒认为也是七情之正，放声大哭比较不以为耻。这已属于中外心理之比较，此地不预备深谈。所要说的是，中国对流泪态度大不相同，故社会上，文学上，戏台上，常有放声大哭之声。原因是，一则有儒家适情哲学；二则孔子哭之恸，申包胥哭秦庭，有种种榜样在前；三则丧礼把放声大哭也列入仪文，拭泪挥泪也都有明文规定了；四则诗词戏曲已把“挥泪”手势化为艺术，认为美观；五则中国人生活实在太苦，大有非哭不可之势。基于这种原因，中国人当众哀哭，也就不以为耻了。这种中西心理情绪之不同是要研究的。钱锺书先生曾于《天下》月刊批评中国悲戏不如希腊悲剧，因为剧中英雄，太少伟大丈夫气。其实《长生殿》之唐明皇把贵妃交出，不肯双双自缢或服毒而死，有欠英雄本色，我也承认。但如霸王别姬，一剑杀爱姬，又一剑自刎，我认为豪杰，并不愧为悲剧主角。若因霸王之哭，而怪其失英雄本色，未免陷于以西洋人对哭的态度衡量中国艺术之弊了。当他声泪俱下之时，我们中国人总认为满意的、美术的。况且天下真英雄哪有不流泪的？唯儿女情长者才真有英雄远志。老残说得好："哭泣者，灵性之现象也。有一分灵性，即有一分哭泣，而际遇之顺逆不与焉。"（《二集自叙》）沈君烈亦是文章"鬼才"，他说："人生何必时俗喜，亦何必鬼神怜，但愿对俊男子大吐肝膈，痛哭一场，足了事矣。"（《与山阴王静观书》）这比较可以代表中国人对哭的态度。

以上是略略讲起中西对哭态度之不同。其实中国人也是以为看电影流泪，不大尊严。我真不懂，看电影流泪有什么羞耻？那天我跟内人去南京戏院看《孤星泪》。出来时，内人问：

"你哭了没有？"

"当然，"我说，"看了这种影片而不哭，还算有人心吗？"

其实我整个情绪都搅乱了。那晚头也昏了，看书也看不下去，和人打扑克，也无精打采，输了四元二毛五。

我真不懂，看一可歌可泣的小说，看一悲楚动人的影片，为什么不可以哭？西方有亚里士多德，东方有太史公，都是讲戏剧之用在于动人情绪。亚里士多德的著名悲剧论，说悲剧之用是如清泻剂，其作用叫作“清泻作用”（Cathartic function of tragedy），是把我们肝膈荡涤一下。太史公那里说过同样的话，这时也懒得去查。但是他的确比许多现代人懂得心理，懂得笑与哭之用。《滑稽传》就是拥护幽默，看来比“今夫天下”派唾骂幽默之小子下流，实际上却比我们较懂得心理学。太史公自己哭吗？他一部《史记》就是悲愤而著的书，哪有不哭，又哪有不知哭之效用？但是我们也不必引经据典。假使有一个可歌可泣的故事，在台上表演，而观者不泣，不为所动，不是表演者艺术太差，便是观众已失人情之正了。

自然，哭泣不大雅观，我也知道，多情与感伤有不同，事各有时。我们看见白痴无故而笑，无端而哭，或者男子动辄流泪，认为未免太无丈夫气了。但是人非木石，焉能无情？当故事中人，床头金尽，壮士气短，我们不该挥几点同情之泪吗？或是孤儿遭后母凌虐，或是卖火柴女冻死路上，或是闵子拉车，赵五娘食糠，我们能不心为所动吗？或是夕阳西照，飞鸟归林，云霞夺目，江天一色，我们能不赞叹宇宙之美不由眼泪夺眶而出吗？在电影上，情节总是比日常离奇，人物总是比日常可爱，所以动人之处自然比日常生活多。假如我们去看电影而情不为动，还是真能看电影的人吗？我真不懂，看电影流泪有什么羞耻？

假如我们成人，已失了赤子的真哭真笑，只能规规矩矩做顺民，胁肩谄笑做奴才，戴假面具揖客入揖客出——假使我们变了这种虚伪枯萎的文明动物，又何必说什么悲剧的荡涤肝肠作用呢？

其实看电影而哭者不必自愧，看电影而不哭者亦不必自豪。邓肯女士说得好，女子如一架琴，情人如鼓琴者。一个女子只有一个情人，如一架琴只有一人弹过。伯牙无良琴则无所用其技，良琴不遇伯牙则不能尽其才。同一女子，遇一种情人便有一种变化；同一架琴，一个琴师弹便有一种音调。凡有艺术都是靠作者与所用材具的一种相感相应，也是靠作者与观者听者读者的相感相应。同一画图，由甲看来索然无味，而由乙看来悠然神往。所以一种艺术之享受，一方在于作者，一方也纯为观者自己的灵性学问所限制。观者愈灵敏，则其感动之力愈大。子程子说，同一本《论语》，“有读了全然无事者，有读了得一二句喜者，有读了不知手之舞之足之蹈之者。”所谓得一二句喜者，也是各人不同，有人喜欢这句，有人喜欢那句，这就是欣赏艺术所受观者听者读者灵性上及学问上之限制。同一个夕阳美景，一人看来欢天喜地，乐不可支，由另一人看来，还不是一个锁保险柜回家的记号吗？那位裤袋里一大把锁匙的银行家钱店倌笑人家诧异太阳下山为奇景，你想他不有时也哭吗？他不因为什么证券一日狂涨一元三角而喜地狂跳，眼泪夺眶而出，又因为债券暴跌哭得如丧考妣吗？我真不懂为什么看电影流泪便不雅观？

是的，人生本来有笑与泪的，所要紧的是看因何而流涕。有狂喜之泪，有沮丧之泪，有生离死别之泪，有骨肉团圆之泪，有怀才不遇之泪，有游子思家之泪，有弃妇望夫之泪，有良友重逢之泪，有良辰美景之泪，有花朝月夕之泪。似是谁要哭，听他哭，因为我们本来是有情动物，偶然心动，堕一滴同情之泪，或怜爱之泪，或惊喜之泪，于他是有益的。

（原载于1936年2月1日《宇宙风》第10期）

# 回忆鲁迅

郁达夫

鲁迅作古的时候，我正飘流在福建。那一天晚上，刚在南台一家饭馆里吃晚饭，同席的有一位日本的新闻记者，一见面就问我，鲁迅逝世的电报，接到了没有？我听了，虽则大吃了一惊，但总以为是同盟社造的谣。因为不久之前，我曾在上海会过他，我们还约好于秋天同去日本看红叶的。后来虽也听到他的病，但平时晓得他老有因为落夜而致伤风的习惯，所以，总觉得这消息是不可靠的误传。因为得了这一个消息之故，那一天晚上，不待终席我就走了。同时在那一夜里，福建报上，有一篇演讲稿子，也有改正的必要，所以从南台走回城里的时候，我就直上了报馆。

晚上十点以后，正是报馆里最忙的时候，我一到报馆，与一位负责的编辑，只讲了几句话，就有位专编国内时事的记者，拿了中央社的电稿，来给我看了；电文却与那一位日本记者所说的一样，说是“著作家鲁迅，于昨晚在沪病故”了。

我于惊愕之余，就在那一张破稿纸上，写了几句电文：“上海申报转许景宋女士：骤闻鲁迅噩耗，未敢置信，万请节哀，余事面谈。”第二天的早晨，我就踏上了三北公司的靖安轮船，奔回到了上海。

鲁迅的葬事，实在是中国文学史上空前的一座纪念碑，他的葬仪，也可以说是民众对日人的一种示威活动。工人，学生，妇女团体，以前鲁迅生前的知友亲戚，和读他的著作，受他的感化的不相识的男男女女，参加行列的，总有一万人以上。

当时中国各地的民众正在热叫着对日开战，上海的知识分子，尤其是孙夫人蔡先生等旧日自由大同盟的诸位先进，提倡得更加激烈，而鲁迅适当这一个时候去世了，他平时，也是主张对日抗战的，所以民众对于鲁迅的死，就拿来当作了一个非抗战不可的象征；换句话说，就是在把鲁迅的死，看作了日本侵略中国的具体事件之一。在这个时候，在这一种情绪下的全国民众，对鲁迅的哀悼之情，自然可以不言而喻了；所以当时全国所出的刊物，无论哪一种定期或不定期的印刷品上，都充满了哀吊鲁迅的文字。

但我却偏有一种爱冷不感热的特别脾气，以为鲁迅的崇拜者，友人，同事，既有了这许多追悼他的文字与著作，那我这一个渺乎其小的同时代者，正可以不必马上就去铺张些我与鲁迅的关系。在这一个闹热关头，我就是写十万百万字的哀悼鲁迅的文章，于鲁迅之大，原是不能再加上以毫末，而于我自己之小，反更足以多一个证明。因此，我只在《文学》月刊上，写了几句哀悼的话，此外就一字也不提，一直沉默到了现在。

现在哩！鲁迅的全集，已经出版了；而全国民众，正在一个绝大的危难底下抖擞。在这伟大的民族受难期间，大家似乎对鲁迅个人的伤悼情绪，减少了些了，我却想来利用余闲，写一点关于鲁迅的回忆。若有人因看了这回忆之故，而去多读一次鲁迅的集子，那就是我对于故人的报答，也就是我所以要写这些断片的本望。

和鲁迅第一次的见面，不知是在哪一年哪一月哪一日，——我对于时日地点，以及人的姓名之类的记忆力，异常的薄弱，人非要遇见至五六次以上，才能将一个人的名氏和一个人的面貌连合起来，记在心里——但地方却记得是在北平西城的砖塔胡同一间坐南朝北的小四合房子里。因为记得那一天天气很阴沉，所以一定是在我去北平，入北京大学教书的那一年冬天，时间仿佛是在下午的三四点钟。若说起那一年的大事情来，却又有史可稽了，就是曹锟贿选成功，做大总统的那一个冬天。

去看鲁迅，也不知是为了什么事情。他住的那一间房子，我却记得很清楚，是在那两座砖塔的东北面，正当胡同正中的地方。一个三四丈宽的小院子，院子里长着三四棵枣树。大门朝北，而住屋——三间上房——却朝正南，是杭州人所说的倒骑龙式的房子。

那时候，鲁迅还在教育部里当佥事，同时也在北京大学里教小说史略。我们谈的话，已经记不起来了，但只记得谈了些北大的教员中间的闲话，和学生的习气之类。

他的脸色很青，胡子是那时候已经有了；衣服穿得很单薄，而身材又矮小，所以看起来像是一个和他的年龄不大相称的样子。

他的绍兴口音，比一般绍兴人所发的来得柔和，笑声非常之清脆，而笑时眼角上的几条小皱纹，却很是可爱。

房间里的陈设，简单得很；散置在桌上，书橱上的书籍，也并不多，但却十分的整洁。桌上没有洋墨水和钢笔，只有一方砚瓦，上面盖着一个红木的盖子。笔筒是没有的，水池却像一个小古董，大约是从头发胡同的小市上买来的无疑。

他送我出门的时候，天色已经晚了，北风吹得很大；门口临别的时候，他不晓说了一句什么笑话，我记得一个人在走回寓舍来的路上，因回忆着他的那一句，满面还带着了笑容。

同一个来访我的学生，谈起了鲁迅。他说："鲁迅虽在冬天，也不穿棉裤，是抑制性欲的意思。他和他的旧式的夫人是不要好的。"因此，我就想起了那天去访问他时，来开门的那一位清秀的中年妇人。她人亦矮小，缠足梳头，完全是一个典型的绍兴太太。

前数年，鲁迅在上海，我和映霞去北戴河避暑回到了北平的时候，映霞曾因好奇之故，硬逼我上鲁迅自己造的那一所西城象鼻胡同后面西三条的小房子里，去看过这中年的妇人。她现在还和鲁迅的老母住在那里，但不知她们在强暴的邻人管制下的生活也过得惯不？

那时候，我住在阜城门内巡捕厅胡同的老宅里。时常来往的，是住在东城禄米仓的张凤举，徐耀辰两位，以及沈尹默，沈兼士，沈士远的三昆仲；不时也常和周作人氏，钱玄同氏，胡适之氏，马幼渔氏等相遇，或在北大的休息室里，或在公共宴会的席上。这些同事们，都是鲁迅的崇拜者，而对于鲁迅的古怪脾气，都当作一件似乎是历史上的轶事在谈论。

在我与鲁迅相见不久之后，周氏兄弟反目的消息，从禄米仓的张徐二位那里听到了，原因很复杂，而旁人终于也不明白是究竟为了什么。但终鲁迅的一生，他与周作人氏，竟没有和解的机会。

本来，鲁迅和周作人氏哥儿俩，是住在八道湾的那一所大房子里的。这一所大房子，系鲁迅在几年前，将他们绍兴的祖屋卖了，与周作人在八道湾买的；买了之后，加以修葺，他们兄弟和老太太就统在那里住了。俄国的那位盲诗人爱罗先珂寄住的，也就是这一所八道湾的房子。

后来，鲁迅和周作人氏闹了，所以他就搬了出来。所住的，大约就是砖塔胡同的那一间小四合了。所以，我见到他的时候，正在他们的口角之后不久的期间。

据凤举他们的判断，以为他们弟兄间的不睦，完全是两人的误解。周作人氏的那位日本夫人，甚至说鲁迅对她有失敬之处。

但鲁迅有时候对我说："我对启明，总老规劝他的，教他用钱应该节省一点，我们不得不想想将来，但他对于经济，总是进一个花一个的，尤其是他那位夫人。"从这些地方，会合起来，大约他们反目的真因，也可以猜度到一二成了。不过凡是认识鲁迅，认识启明及他的夫人的人，都晓得他们三个人，完全是好人；鲁迅虽则也痛骂过正人君子，但据我所知的他们三人来说，则只有他们才是真正君子。现在颇有些人，说周作人已作了汉奸，但我却始终仍是怀疑。所以，全国文艺作者协会致周作人的那一封公开信，最后的决定，也是由我改削过的；我总以为周作人先生，与那些甘心卖国的人，是不能作一样的看法的。

这时候的教育部，薪水只发到二成三成，公事是大家不办的，所以，鲁迅很有工夫教书，编讲义，写文章。他的短文，大抵是由孙伏园氏拿去，在《晨报副刊》上发表；教书是除北大外，还兼任着师大。

有一次，在鲁迅那里闲坐，接到了一个来催开会的通知，我问他忙么？他说，忙倒也不忙，但是同唱戏的一样，每天总得到处去扮一扮。上讲台的时候，就得扮教授，到教育部去，也非得扮官不可。

他说虽则这样的说，但做到无论什么事情时，却总肯负完全的责任。

至于说到唱戏呢，在北平虽则住了那么久，可是他终于没有爱听京戏的癖性。他对于唱戏听戏的经验，始终只限于绍兴的社戏，高腔，乱弹，目连戏等，最多也只听到了徽班。阿Q所唱的那句“手执钢鞭将你打”，就是乱弹班《龙虎斗》里的句子，是赵玄坛唱的。

对于目连戏，他却有特别的嗜好，他有好几次同我说，这戏里的穿插，实在有许许多多的幽默味。他曾经举出不少的实例，说到一个借了鞋袜靴子去赴宴会的人，到了人来向他索还，只剩大衫在身上的时候，这一位老兄就装作肚皮痛，以两手按着腹部，口叫着我肚皮痛杀哉，将身体伏矮了些，于是长衫就盖到了脚部以遮掩过去的一段，他还照样的做出来给我们看过。说这一段话时，我记得《月夜》的著者，川岛兄也在座上，我们曾经大笑过的。

后来在上海，我有一次谈到了予倩、田汉诸君想改良京剧，来作宣传的话，他根本就不赞成，并且很幽默的说，以京剧来宣传救国，那就是“我们救国啊啊啊啊了，这行么？”

孙伏园氏在晨报社，为了鲁迅的一篇挖苦人的恋爱的诗，与刘勉已氏闹反了。鲁迅的学生李小峰就与伏园联合起来，出了《语丝》。投稿者除上述的诸位之外，还有林语堂氏，在国外的刘半农氏，以及徐旭生氏等。但是周氏兄弟，却是《语丝》的中心。而每次语丝社中人叙会吃饭的时候，鲁迅总不出席，因为不愿与周作人氏遇到的缘故。因此，在这一两年中，鲁迅在社交界，始终没有露一露脸。无论什么人请客，他总不肯出席；他自己哩，除了和一二人去小吃之外，也绝对的不大规模（或正式）

的请客。这脾气，直到他去厦门大学以后，才稍稍改变了些。

鲁迅的对于后进的提拔，可以说是无微不至。《语丝》发刊以后，有些新人的稿子，差不多都是鲁迅推荐的。他对于高长虹他们的一集团，对于沉钟社的几位，对于未名社的诸子，都一例地在为说项。就是对于沈从文氏，虽则已有人在孙伏园去后的《晨报副刊》上在替吹嘘了，他也时时提到，唯恐诸编辑的埋没了他。还有当时在北大念书的王品青氏，也是他所属望的青年之一。

鲁迅和景宋女士（许广平）的认识，是当他在北京（那时北平还叫作北京）女师大教书的中间，前后经过，《两地书》里已经记载得很详细，此地可以不必说。但他和许女士的进一步的接近，是在三一八惨案之前，章士钊做教育部长，使刘百昭去用了老妈子军以暴力解散女师大的时候。

鲁迅是向来喜欢打抱不平的，看了章士钊的横行不法，又兼自己还是这学校的讲师，所以当教育部下令解散女师大的时候，他就和许季茀，沈兼士，马幼渔等一道起来反对。当时的鲁迅，还是教育部的佥事，故而部长的章士钊也就下令将他撤职。为此，他一面向平政院控告章士钊，提起行政诉讼，一面就在《语丝》上攻击《现代评论》的为虎作伥，尤以对陈源（通伯）教授为最烈。

《现代评论》的一批干部，都是英国留学生；而其中像周鲠生，皮宗石，王世杰等，却是两湖人。他们和章士钊，在同到过英国的一点上，在同是湖南人的一点上，都不得不帮教育部的忙。鲁迅因而攻击绅士态度，攻击《现代评论》的受贿赂，这一时候他的杂文，怕是他一生之中，最含热意的妙笔。在这一个压迫和反抗，正义和暴力的争斗之中，他与许女士便有了更进一步的认识机会。

在这前后，我和他见面的次数并不多，因为我已经离开了北平，上武昌师范大学文科去教书了，可是这一年（民十三？）暑假回北京，看见他的时候，他正在做控告章士钊的状子，而女师大为校长杨荫榆的问题，也正是闹得最厉害的期间。当他告诉我完了这事情的经过之后，他仍旧不改他的幽默态度说：

“人家说我在打落水狗，但我却以为在打枪伤老虎，在扮演周处或武松。”

这句话真说得我高笑了起来。可是他和景宋女士的认识，以及有什么来往，我却还一点儿也不曾晓得。

直到两年之后，他因和林文庆博士闹意见，从厦门大学回上海的那一年暑假，我上旅馆去看他，谈到了中午，就约他及景宋女士与在座的许钦文去吃饭。在吃完饭后，茶房端上咖啡来时，鲁迅却很热情地向正在搅咖啡杯的许女士看了一眼，又用诫告亲属似的热情的口气，对许女士说：

“密丝许，你胃不行，咖啡还是不吃的好，吃些生果罢！”

在这一个极微细的告诫里，我才第一次看出了他和许女士中间的爱情。

从此之后，鲁迅就在上海住下了，是在闸北去窦乐安路不远的景云里内一所三楼朝南的洋式弄堂房子里。他住二层的前楼，许女士是住在三楼的。他们两人间的关系，外人还是一点儿也没有晓得。

有一次，林语堂——当时他住在愚园路，和我静安寺路的寓居很近——和我去看鲁迅，谈了半天出来，林语堂忽然问我：

“鲁迅和许女士，究竟是怎么回事，有没有什么关系的？”

我只笑着摇摇头，回问他说：

“你和他们在厦大同过这么久的事，难道还不晓得么？我可真看不出什么来。”

说起林语堂，实在是一位天性纯厚的真正英美式的绅士，他决不疑心人有意说出的不关紧要的谎。我只举一个例出来，就可以看出他的本性。当他在美国向他的夫人求爱的时候，他第一次捧呈了她一册克莱克夫人著的小说《模范绅士约翰·哈里法克斯》；但第二次他忘记了，又捧呈了她以这册 *John Halifax Gentleman*。这是林夫人亲口对我说的话，当然是不会错的。从这一点上看来，就可以看出语堂真是如何地忠厚老实的一位模范绅士。他的提倡幽默，挖苦绅士态度，我们都在说，这些都是从他的 Inferiority Complex（不及错觉）心理出发的。

语堂自从那一回经我说过鲁迅和许女士中间大约并没有什么关系之后，一直到海婴（鲁迅的儿子）将要生下来的时候，才兹恍然大悟。我对他说破了，他满脸泛着好好先生的微笑说：

“你这个人真坏！”

鲁迅的烟瘾，一向是很大的；在北京的时候，他吸的，总是哈德门牌的拾枝装包。当他在人前吸烟的时候，他总探手进他那件灰布棉袄的袋里去摸出一枝来吸；他似乎不喜欢将烟包先拿出来，然后再从烟包里抽出一枝，而再将烟包塞回袋里去。他这脾气，一直到了上海，仍没有改过，不晓是为了怕麻烦的原因呢，抑或为了怕人家看见他所吸的烟，是什么牌。

他对于烟酒等刺激品，一向是不十分讲究的；对于酒，也是同烟一样。他的量虽则并不大，但却老爱喝一点。在北平的时候，我曾和他在东安市场的一家小羊肉铺里喝过白干；到了上海之后，所喝的，大抵是黄酒了。但五加皮，白玫瑰，他也喝，啤酒，白兰地他也喝，不过总喝得不多。

爱护他，关心他的健康无微不至的景宋女士，有一次问我：“周先生平常喜欢喝一点酒，还是给他喝什么酒好？”我当然答以黄酒第一。但景宋女士却说，他喝黄酒时，老要量喝得很多，所以近来她在给他喝五加皮。并且说，因为五加皮酒性太烈，她所以老把瓶塞在平时拔开，好教消散一点酒气，变得淡些。

在这些地方，本可看出景宋女士的一心为鲁迅牺牲的伟大精神来；仔细一想，真要教人感激得下眼泪的，但我当时却笑了，笑她的太没有对于酒的知识。当然她原也晓得酒精成分多少的科学常识，可是爱人爱得过分时，常识也往往会被热挚的真情，掩蔽下去。我于讲完了量与质的问题，讲完了酒精成分的比较问题之后，就劝她，以后，顶好是给周先生以好的陈黄酒喝，否则，还是喝啤酒。

这一段谈话过后不久，忽而有一天，鲁迅送了我两瓶十多年陈的绍兴黄酒，说是一位绍兴同乡，带出来送他的。我这才放了心，相信以后他总不再喝五加皮等烈酒了。

我的记忆力很差，尤其是对于时日及名姓等的记忆。有些朋友，当见面时却混得很熟，但竟有一年半载以上，不晓得他的名姓的，因为混熟了，又不好再请教尊姓大名的缘故。像这一种习惯，我想一般人也许都有，可是，在我觉得特别的厉害。而鲁迅呢，却很奇怪，他对于遇见过一次，或和他在文字上有点纠葛过的人，都记得很详细，很永固。

所以，我在前段说起过的，鲁迅到上海的时日，照理应该在十八年的春夏之交；因为他于离开厦门大学之后，是曾上广州中山大学去住过一年的；他的重回上海，是在因和顾颉刚起了冲突，脱离中山大学之后；并且因恐受当局的压迫拘捕，其后亦曾在广州闲住了半年以上的时间。

他对于辞去中山大学教职之后，在广州闲住的半年那一节事情，也解释得非常有趣。他说：

“在这半年中，我譬如是一只雄鸡，在和对方呆斗。这呆斗的方式，并不是两边就咬起来，却是振冠击羽，保持着一段相当距离的对视。因为对方的假君子，背后是有政治力量的，你若一经示弱，对方就会用无论哪一种卑鄙的手段，来加你以压迫。

“因而有一次，大学里来请我讲演，伪君子正在庆幸机会到了，可以罗织成罪我的证据。但我却不忙不迫的讲了些魏晋人的风度之类，而对于时局和政治，一个字也不曾提起。”

在广州闲住了半年之后，对方的注意力有点松懈了，就是对方的雄鸡，坚忍力有点不能支持了；他就迅速地整理行囊，乘其不备，而离开了广州。

人虽则离开了，但对于代表恶势力而和他反对的人，他却始终不会忘记。所以，他的文章里，无论在哪一篇，只教用得上去的话，他总不肯放松一着，老会把这代表恶势力的敌人押解出来示众。

对于这一点，我也曾再三的劝他过，劝他不要上当。因为有许多无理取闹，来攻击他的人，都想利用了他来成名。实际上，这一个文坛登龙术，是屡试屡验的法门；过去曾经有不少的青年，围攻鲁迅而成了名的。但他的解释，却很彻底。他说：

“他们的目的，我当然明了。但我的反攻，却有两种意思。第一，是正可以因此而成全了他们；第二，是也因为了他们，而真理愈得阐明。他们的成名，是烟火似的一时的现象，但真理却是永久的。”

他在上海住下之后，这些攻击他的青年，愈来愈多了。最初，是高长虹等，其次是太阳社的钱杏邨等，后来则有创造社的叶灵凤等。他对于这些人的攻击，都三倍四倍地给予了反攻，他的杂文的光辉，也正因了这些不断的搏斗而增加了熟练与光辉。

他的《全集》的十分之六七，是这种搏斗的火花，成绩俱在，在这里可以不必再说。

此外还有些并不对他攻击，而亦受了他的笔伐的人，如张若谷，曾今可等；他对于他们，在酒兴浓溢的时候，老笑着对我说：

“我对他们也并没有什么仇。但因为他们是代表恶势力的缘故，所以我就做了堂·克蓄德，而他们却做了活的风车。”

关于堂·克蓄德这一名词，也是钱杏邨他们奉赠给他的。他对这名词并不嫌恶，反而是很喜欢的样子。同样在有一时候，叶灵凤引用了苏俄讥高尔基的画来骂他，说他是“阴阳面的老人”，他也时常笑着说：“他们比得我太大了，我只恐怕承当不起。”

创造社和鲁迅的纠葛，系开始在成仿吾的一篇批评，后来一直地继续到了创造社的被封时为止。

鲁迅对创造社，虽则也时常有讥讽的言语，散发在各杂文里；但根底却并没有恶感。他到广州去之先，就有意和我们结成一条战线，来和反动势力拮抗的；这一段经过，恐怕只有我和鲁迅及景宋女士三人知道。

至于我个人与鲁迅的交谊呢，一则因系同乡，二则因所处的时代，所看的书，和所与交游的友人，都是同一类属的缘故，始终没有和他发生过冲突。

后来，创造社因被王独清挑拨离间，分成了派别，我因一时感情作用，和创造社脱离了关系，在当时，一批幼稚病的创造社同志，都受了王独清等的煽动，与太阳社联合起来攻击鲁迅，但我却始终以为他们的行动是越出了常轨，所以才和他计划出了《奔流》这一个杂志。

《奔流》的出版，并不是想和他们对抗，用意是在想介绍些真正的革命文艺的理论和作品，把那些犯幼稚病的左倾青年，稍稍纠正一点过来。

当编《奔流》的这一段时期，我以为是鲁迅的一生之中，对中国文艺影响最大的一个转变时期。

在这一年当中，鲁迅的介绍左翼文艺的正确理论的一步工作，才开始立下了系统。而他的后半生的工作的纲领，差不多全是在这一个时期里定下来的。

当时在上海负责在做秘密工作的几位同志，大抵都是在我静安寺路的寓居里进出的人；左翼作家联盟，和鲁迅的结合，实际上是我做的媒介。不过，左联成立之后，我却并不愿意参加，原因是因为我的个性是不适合于这些工作的，我对于我自己，认识得很清，决不愿担负一个空名，而不去做实际的事务；所以，左联成立之后，我就在一月之内，对他们公然的宣布了辞职。

但是暗中站在超然的地位，为左联及各工作者的帮忙，也着实不少。除来不及营救，已被他们杀死的许多青年不计外，在龙华，在租界捕房被拘去的许多作家，或则减刑，或则拒绝引渡，或则当时释放等案件，我现在还记得起来的，当不只十件八件的少数。

鲁迅的热心于提拔青年的一件事情，是大家在说的。但他的因此而受痛苦之深刻，却外边很少有人知道。像有些先受他的提拔，而后来却用攻击的方法以成自己的名的事情，还是彰明显著的事实，而另外还有些“挑了一担同情来到鲁迅那里，强迫他出很高的代价”的故事，外边的人，却大抵都不晓得了。在这里，我只举一个例：

在广州的时候，有一位青年的学生，因平时被鲁迅所感化而跟他到了上海。到了上海之后，鲁迅当然也收留他一道住在景云里那一所三层楼的弄堂房子里。但这一位青年，误解了鲁迅的意思，以为他没有儿子——当时海婴还没有生——所以收留自己和他住下，大约总是想把自己当作他的儿子的意思。后来，他又去找了一位女朋友来同住，意思是为鲁迅当儿媳妇的。可是，两人坐食在鲁迅的家里，零用衣饰之类，鲁迅当然是供给不了的；于是这一位自定的鲁迅的子嗣，就发生了很大的不满，要求鲁迅，一定要为他谋一出路。

鲁迅没法子，就来找我，教我为这青年去谋一职业，如报馆校对，书局伙计之类；假使是真的找不到职业，那么亦必须请一家书店或报馆在名义上用他做事，而每月的薪水三四十元，当由鲁迅自己拿出，由我转交给这书局或报馆，作为月薪来发给。

这事我向当时的现代书局说了，已经说定是每月由书局和鲁迅各拿出一半的钱来，使用这一位青年。但正当说好的时候，这一位青年却和爱人脱离了鲁迅而走了。

这一件事情，我记得章锡琛曾在鲁迅去世的时候写过一段短短的文章；但事实却很复杂，使鲁迅为难了好几个月。从这一回事情之后，鲁迅就爱说“青年是挑了一担同情来的”趣话。不过这仅仅是一例，此外，因同情青年的遭遇，而使他受到痛苦的事实还正多着哩！

民国十八年以后，因国共分家的结果，有许多青年，以及正义的斗士，都无故而被牺牲了。此外，还有许多从事革命运动的青年，在南京，上海，以及长江流域的通都大邑里，被捕的，正不知有多少。在上海专为这些革命志士以及失业工人等救济而设的一个团体，是共济会。但这时候，这救济会已经遭了当局之忌，不能公开工作了；所以弄成请了律师，也不能公然出庭，有了店铺作保，也不能去向法庭请求保释的局面。在这时候，带有国际性的民权保障自由大同盟，才在孙夫人（宋庆龄女士）、蔡先生（孑民）等的领导下，在上海成立了起来。鲁迅和我，都是这自由大同盟的发起人，后来也连做了几任的干部，一直到南京的通缉令下来，杨杏佛被暗杀的时候为止。

在这自由大同盟活动的期间，对于平常的集会，总不出席的鲁迅，却于每次开会时一定先期而到；并且对于事务是一向不善处置的鲁迅，将分派给他的事务，也总办得井井有条。从这里，我们又可以看出，鲁迅不仅是一个只会舞文弄墨的空头文学家，对于实务，他原是也具有实际干才的。说到了实务，我又不得不想起我们合编的那一个杂志《奔流》——名义上，虽则是我和他合编的刊物，但关于校对，集稿，算发稿费等琐碎的事务，完全是鲁迅一个人效的劳。

他的做事务的精神，也可以从他的整理书斋，和校阅原稿等小事件上看得出来。一般和我们在同时做文字工作的人，在我所认识的中间，大抵十个有九个都是把书斋弄得乱杂无章的。而鲁迅的书斋，却在无论什么时候，都整理得必清必楚。他的校对的稿子，以及他自己的文章，涂改当然是不免，但总缮写得非常的清楚。

直到海婴长大了，有时候老要跑到他的书斋里去翻弄他的书本杂志之类；当这样的时候，我总看见他含着苦笑，对海婴说：“你这小捣乱看好了没有？”海婴含笑走了的时候，他总是一边谈着笑话，一边先把那些搅得零乱的书本子堆叠得好好，然后再来谈天。

记得有一次，海婴已经会说话的时候了，我到他的书斋去的前一刻，海婴正在那里捣乱，翻看书里的插画。我去的时候，书本子还没有理好。鲁迅一见着我，就大笑着说：“海婴这小捣乱，他问我几时死，他的意思是我死了之后，这些书本都应该归他的。”

鲁迅的开怀大笑，我记得要以这一次为最兴高采烈。听这话的我，一边虽也在高笑，但暗地里一想到了“死”这一个定命，心里总不免有点难过。尤其是像鲁迅这样的人，我平时总不会把死和他联合起来想在一道。就是他自己，以及在旁边也在高笑的景宋女士，在当时当然也对于死这一个观念的极微细的实感都没有的。

这事情，大约是在他去世之前的两三年的时候；到了他死之后，在万国殡仪馆成殓出殡的上午，我一面看到了他的遗容，一面又看见海婴仍是若无其事地在人前穿了小小的丧服在那里快快乐乐地跑，我的心真有点儿绞得难耐。

鲁迅的著作的出版者，谁也知道是北新书局。北新书局的创始人李小峰，本是北大鲁迅的学生；因为孙伏园从《晨报副刊》出来之后，和鲁迅、启明及语堂等，开始经营《语丝》之发行，当时还没有毕业的李小峰，就做了《语丝》的发行兼管理印刷的出版业者。

北新书局从北平分到上海，大事扩张的时候，所靠的也是鲁迅的几本著作。

后来一年一年的过去，鲁迅的著作也一年一年地多起来了，北新和鲁迅之间的版税交涉，当年成了一个很大的问题。

北新对著作者，平时总只含混地说，每月致送几百元版税，到了三节，便开一清单来报账的。但一则他的每月致送的款项，老要拖欠，再则所报之账，往往不十分清爽。

后来，北新对鲁迅及其他的著作人，简直连月款也不提，节账也不算了。靠版税在上海维持生活的鲁迅，一时当然也破除了情面，请律师和北新提起了清算版税的诉讼。

照北新开给鲁迅的旧账单等来计算，在鲁迅去世的前六七年，早该积欠有两三万元了。这诉讼，当然是鲁迅的胜利，因为欠债还钱，是古今中外一定不易的自然法律。北新看到了这一点，就四出的托人向鲁迅讲情，要请他不必提起诉讼，大家来设法谈判。

当时我在杭州小住，打算把一部不曾写了的《蜃楼》写它完来。但住不上几天，北新就有电报来了，催我速回上海，为这事尽一点力。

后来经过几次的交涉，鲁迅答应把诉讼暂时不提，而北新亦愿意按月摊还积欠两万余元，分十个月还了；新欠则每月致送四百元，决不食言。

这一场事情，总算是这样地解决了；但在事情解决，北新请大家吃饭的那一天晚上，鲁迅和林语堂两人，却因误解而起了正面的冲突。

冲突的原因，是在一个不在场的第三者，也是鲁迅的学生，当时也在经营出版事业的某君。北新方面，满以为这一次鲁迅的提起诉讼，完全系出于这同行第三者的挑拨。而忠厚诚实的林语堂，于席间偶尔提起了这一个人的名字。

鲁迅那时，大约也有了一点酒意，一半也疑心语堂在责备这第三者的话，是对鲁迅的讽刺；所以脸色发青，从座位里站了起来，大声地说：

“我要声明！我要声明！”

他的声明，大约是声明并非由这第三者的某君挑拨的。语堂当然也要声辩他所讲的话，并非是对鲁迅的讽刺；两人针锋相对，形势真弄得非常的险恶。

在这席间，当然只有我起来做和事佬；一面按住鲁迅坐下，一面我就拉了语堂和他的夫人，走下了楼。

这事当然是两方的误解，后来鲁迅原也明白了；他和语堂之间，是有过一次和解的。可是到了他去世之前年，又因为劝语堂多翻译一点西洋古典文学到中国来，而语堂说这是老年人做的工作之故，而各起了反感。但这当然也是误解，当鲁迅去世的消息传到当时寄居在美国的语堂耳里的时候，语堂是曾有极悲痛的唁电发来的。

鲁迅住的景云里那一所房子，是在北四川路尽头的西面，去虹口花园很近的地方。因而去狄思威路北的内山书店亦只有几百步路。

书店主人内山完造，在中国先则卖药，后则经营贩卖书籍，前后总已有了二十几年的历史。他生活很简单，懂得生意经，并且也染上了中国人的习气，喜欢讲交情。因此，我们这一批在日本住久的人在上海，总老喜欢到他店里去坐坐谈谈；鲁迅于在上海住下之后，也就是这内山书店的常客之一。

“一·二八”沪战发生，鲁迅住的那一个地方，去天通庵只有一箭之路，交战的第二日，我们就在担心着鲁迅一家的安危。到了第三日，并且谣言更多了，说和鲁迅同住的他的三弟乔峰（周建人）被宪兵殴伤了；但就在这一个下午，我却在四川路桥南，内山书店的一家分店的楼上，会到了鲁迅。

他那时也听到了这谣传了，并且还在报上看见了我寻他和其他几位住在北四川路的友人的启事。他在这兵荒马乱之间，也依然不消失他那种幽默的微笑；讲到乔峰被殴伤的那一段谣言的时候，还加上了许多我们所不曾听见过的新鲜资料，证明一般空闲人的喜欢造谣生事，乐祸幸灾。

在这中间，我们就开始了向全世界文化人呼吁，出刊物公布狞恶侵略者面目的工作，鲁迅当然也是签名者之一；他的实际参加联合抗敌的行动，和一班左翼作家的接近，实际上是从这一个时期开始的。

“一·二八”战事过后，他从景云里搬了出来，住在内山书店斜对面的一家大厦的三层楼上；租金比较的贵，生活方式也比较的奢侈；因而一般平时要想寻出一点弱点来攻击他的人，就又像是发掘得了至宝。

但他在那里住得也并不久，到了南京的秘密通缉令下来，上海的反动空气很浓厚的时候，他却搬上了内山书店的北面，新造好的大陆新村（四达里对面）的六十几号房屋去住了。在这里，一直住到了他去世的时候为止。

南京的秘密通缉令，列名者共有六十几个，多半是与民权保障自由大同盟有关的文化人。而这通缉令呈请者，却是在杭州的浙江省党部的诸先生。

说起杭州，鲁迅绝端地厌恶；这通缉案的呈请者们，原是使他厌恶的原因之一，而对于山水的爱好，别有见解，也是他厌恶杭州的一个原因。有一年夏天，他曾同许钦文到杭州去玩过一次；但因湖上的闷热，蚊子的众多，饮水的不洁等关系，他在旅馆里一晚没有睡觉，第二天就逃回到上海来了。自从这一回之后，他每听见人提起杭州，就要摇头。

后来，我搬到杭州去住的时候，他曾写过一首诗送我，头一句就是“钱王登遐仍如在”；这诗的意思，他曾同我说过，指的是杭州党政诸人的无理的高压。他从五代时的记录里，曾看到过钱武肃王的时候，浙江老百姓被压榨得连裤子都没有得穿，不得不以砖瓦来遮盖下体。这事不知是出在哪一部书里，我到现在也还没有查到，但他的那句诗的原意，却就系指此而言。我因不听他的忠告，终于搬到杭州去住了，结果竟不出他之所料，被一位党部的先生，弄得家破人亡；这一位吃党饭出身，积私财至数百万，曾经呈请南京中央党部通缉过我们的先生，对我竟做出了比邻人对待我们老百姓还更凶恶的事情，而且还是在这一次的抗战军兴之后。我现在虽则已远离祖国，再也受不到他的奸淫残害的毒爪了；但现在仍还在执掌以礼义廉耻为信条的教育大权的这一位先生，听说近来因天高皇帝远，浑水好捞鱼之故，更加加重了他对老百姓的这一种远溢过钱武肃王的德政。

鲁迅不但对于杭州没有好感，就是对他出身地的绍兴，也似乎并没有什么依依不舍的怀恋。这可从有一次他的谈话里看得出来。是他在上海住下不久的时候，有一回我们谈起了前两天刚见过面的孙伏园。他问我伏园住在哪里，我说，他已经回绍兴去了，大约总不久就会出来的。鲁迅言下就笑着说：

“伏园的回绍兴，实在也很可观！”

他的意思，当然是绍兴又凭什么值得这样的频频回去。

所以从他到上海之后，一直到他去世的时候为止，他只匆匆地上杭州去住了一夜，而绝没有回去过绍兴一次。

预言者每不为其故国所容，我于鲁迅更觉得这一句格言的确凿。各地党部的对待鲁迅，自从浙江党部发动了那大弹劾案之后，似乎态度都是一致的。抗日战争前一年的冬天，我路过厦门，当时有许多厦大同学曾来看我，谈后就说到了厦大门前，经过南普陀的那一条大道，他们想呈请市政府改名“鲁迅路”以资纪念。并且说，这事已经由鲁迅纪念会（主其事的是厦门《星光日报》社长胡资周及记者们与厦大学生代表等人）呈请过好几次了，但都被搁置着不批下来。我因为和当时的厦门市长及工务局长等都是朋友，所以就答应他们说这事一定可以办到。但后来去市长那里一查问，才知道又是党部在那里反对，绝对不准人们纪念鲁迅。这事情，后来我又同陈主席说了，陈主席当然是表示赞成的。可是，这事还没有办理完成，而抗日战争军兴，现在并且连厦门这一块土地，也已经沦陷了一年多了。

自从我搬到杭州去住下之后，和他见面的机会，就少了下去，但每一次当我上上海去的中间，无论如何忙，我总抽出一点时间来去和他谈谈，或和他吃一次饭。

而上海的各书店，杂志编辑者，报馆之类，要想拉鲁迅的稿子的时候，也总是要我到上海去和鲁迅交涉的回数多。譬如，黎烈文初编《自由谈》的时候，我就和鲁迅说，我们一定要维持它，因为在中国最老不过的《申报》，也晓得要用新文学了，就是新文学的胜利。所以，鲁迅当时也很起劲，《伪自由书》《花边文学》集里许多短稿，就是这时候的作品。在起初，他的稿子就是由我转交的。

此外，像良友书店，天马书店，以及“生活”出的《文学》杂志之类，对鲁迅的稿件，开头大抵都是由我为他们拉拢的。尤其是当鲁迅对编辑者们发脾气的时候，做好做歹，仍复替他们调停和解这一角色，总是由我来担当。所以，在杭州住下的两三年中，光是为鲁迅之故，而跑上海的事情，前后总也有了好多次。

在他去世的前一年春天，我到了福建，这中间，和他见面的机会更加少了。但记得就在他作古的前两个月，我回上海，他曾告诉了我他的病状，说医生说他的肺不对，他想于秋天到日本去疗养，问我也能够同去不能。我在那时候，也正在想去久别了的日本一次，看看他们最近的社会状态，所以也轻轻谈到了同去岚山看红叶的事情。可是从此一别，我就再也没有和他做长谈的幸运了。

关于鲁迅的回忆，枝枝节节，另外也正还多着；可是他给我的信件之类，有许多已在搬回杭州去之先烧了，有几封在上海北新书局里存着，现在又没有日记在手头，所以就在这里，先暂搁笔，以后若有机会，或许再写也说不定。

（原载于1939年3月9日上海《宇宙风乙刊》）

# 悼鲁迅

林语堂

民国廿五年十月十九日鲁迅死于上海。时我在纽约，第二天见 Herald-Tribune 电信，惊愕之下，相与告友，友亦惊愕。若说悲悼，恐又不必，盖非所以悼鲁迅也。鲁迅不怕死，何为以死悼之？夫人生在世，所为何事？碌碌终日，而一旦瞑目，所可传者极渺。若投石击水，皱起一池春水，及其波静浪过，复平如镜，了无痕迹。唯圣贤传言，豪杰传事，然究其可传之事之言，亦不过圣贤豪杰所言所为之万一。孔子喋喋千万言，所传亦不过《论语》二三万言而已。始皇并六国，统天下，焚书坑儒，筑长城，造阿房，登泰山，游会稽，问仙求神，立碑刻石，固亦欲创万世之业，流传千古。然帝王之业中堕，长生之乐不到，阿房焚于楚汉，金人毁于董卓，碑石亦已一字不存，所存一长城旧规而已。鲁迅投鞭击长流，而长流之波复兴，其影响所及，翕然有当于人心，鲁迅见而喜，斯亦足矣。宇宙之大，沧海之宽，起伏之机甚微，影响所及，何可较量，复何必较量？鲁迅来，忽然而言，既毕其所言而去，斯亦足矣。鲁迅常谓文人写作，固不在藏诸名山，此语甚当。处今日之世，说今日之言，目所见，耳所闻，心所思，情所动，纵笔书之而罄其胸中，是以使鲁迅复生于后世，目所见后世之人，耳所闻后世之事，亦必不为今日之言。鲁迅既生于今世，既说今世之言，所言有为而发，斯足矣。后世之人好其言，听之；不好其言，亦听之。或今人所好之言在此，后人所好在彼，鲁迅不能知，吾亦不能知。后世或好其言而实厚诬鲁迅，或不好其言而实深为所动，继鲁迅而来，激成大波，是文海之波涛起伏，其机甚微，非鲁迅所能知，亦非吾所能知。但波使涛之前仆后起，循环起伏，不归沉寂，便是生命，便是长生，复奚较此波长波短耶？

鲁迅与我相得者二次，疏离者二次，其即其离，皆出自然，非吾与鲁迅有轩轾于其间也。吾始终敬鲁迅；鲁迅顾我，我喜其相知，鲁迅弃我，我亦无悔。大凡以所见相左相同，而为离合之迹，绝无私人意气存焉。我请鲁迅至厦门大学，遭同事摆布追逐，至三易其厨，吾尝见鲁迅开罐头在火酒炉上以火腿煮水度日，是吾失地主之谊，而鲁迅对我绝无怨言，是鲁迅之知我。《人世间》出，左派不谅吾之文学见解，吾亦不愿牺牲吾之见解以阿附初闻鸦叫自为得道之左派，鲁迅不乐，我亦无可如何。鲁迅诚老而愈辣，而吾则向慕儒家之明性达理，鲁迅党见愈深，我愈不知党见为何物，宜其剌剌不相入也。然吾私心终以长辈事之，至于小人之捕风捉影挑拨离间，早已置之度外矣。

鲁迅与其称为文人，不如号为战士。战士者何？顶盔披甲，持矛把盾交锋以为乐。不交锋则不乐，不披甲则不乐，即使无锋可交，无矛可持，拾一石子投狗，偶中，亦快然于胸中，此鲁迅之一副活形也。德国诗人海涅语人曰，我死时，棺中放一剑，勿放笔。是足以语鲁迅。

鲁迅所持非丈二长矛，亦非青龙大刀，乃炼钢宝剑，名宇宙锋。是剑也，斩石如棉，其锋不挫，刺人杀狗，骨骼尽解。于是鲁迅把玩不释，以为嬉乐，东砍西刨，情不自已，与绍兴学童得一把洋刀戏刻书案情形，正复相同，故鲁迅有时或类鲁智深。故鲁迅所杀，猛士劲敌有之，僧丐无赖，鸡狗牛蛇亦有之。鲁迅终不以天下英雄死尽，宝剑无用武之地而悲。路见疯犬、癞犬，及守家犬，挥剑一砍，提狗头归，而饮绍兴，名为下酒。此又鲁迅之一副活形也。

然鲁迅亦有一副大心肠。狗头煮熟，饮酒烂醉，鲁迅乃独坐灯下而兴叹。此一叹也，无以名之。无名火发，无名叹兴，乃叹天地，叹圣贤，叹豪杰，叹司阍，叹佣妇，叹书贾，叹果商，叹黠者、狡者、愚者、拙者、直谅者、乡愚者；叹生人、熟人、雅人、俗人、尴尬人、盘缠人、累赘人、无生趣人、死不开交人；叹穷鬼、饿鬼、色鬼、谗鬼、牵钻鬼、串熟鬼、邋遢鬼、白蒙鬼、摸索鬼、豆腐羹饭鬼、青胖大头鬼。于是鲁迅复饮，俄而额筋浮涨，睚眦欲裂，须发尽竖；灵感至，筋更浮，眦更裂，须更竖，乃磨砚濡毫，呵的一声狂笑，复持宝剑，以刺世人。火发不已，叹兴不已，于是鲁迅肠伤，胃伤，肝伤，肺伤，血管伤，而鲁迅不起，呜呼，鲁迅以是不起。

（原载于 1937 年 1 月 1 日上海《宇宙风》杂志）

# 话中有鬼

朱自清

不管我们相信有鬼或无鬼，我们的话里免不了有鬼。我们话里不但有鬼，并且铸造了鬼的性格，描画了鬼的形态，赋予了鬼的才智。凭我们的话，鬼是有的，并且是活的。这个来历很多，也很古老，我们有的是鬼传说，鬼艺术，鬼文学。但是一句话，我们照自己的样子创出了鬼，正如宗教家的上帝照他自己的样子创出了人一般。鬼是人的化身，人的影子。我们讨厌这影子，有时可也喜欢这影子。正因为是自己的化身，才能说得活灵活现的，才会老挂在嘴边儿上。

“鬼”通常不是好词儿。说“这个鬼！”是在骂人，说“死鬼”也是的。还有“烟鬼”“酒鬼”“馋鬼”等，都不是好话。不过骂人有怒骂，也有笑骂；怒骂是恨，笑骂却是爱——俗语道，“打是疼，骂是爱”，就是明证。这种骂尽管骂的人装得牙痒痒的，挨骂的人却会觉得心痒痒的。女人喜欢骂人“鬼……”“死鬼！”大概就是这个道理。至于“刻薄鬼”、“啬刻鬼”“小气鬼”等，虽然不大惹人爱似的，可是笑嘻嘻地骂着，也会给人一种热，光却不会有——鬼怎么会有光？光天化日之下怎么会有鬼呢？固然也有“白日见鬼”这句话，那跟“见鬼”“活见鬼”一样，只是说你“与鬼为邻”，说你是个鬼。鬼没有阳气，所以没有光。所以只有“老鬼”“小鬼”，没有“少鬼”“壮鬼”，老年人跟小孩子阳气差点儿，凭他们的年纪就可以是鬼，青年人、中年人阳气正盛，不能是鬼。青年人、中年人也可以是鬼，但是别有是鬼之道，不关年纪。“阎王好见，小鬼难当”，那“小”的是地位，所以可怕可恨；若凭年纪，“老鬼”跟“小鬼”倒都是恨也成，爱也成。——若说“小鬼头”，那简直还亲亲儿的，热热儿的。又有人爱说“鬼东西”，那也还只是鬼，“鬼”就是“东西”，“东西”就是“鬼”。总而言之，鬼贪，鬼小，所以“有钱使得鬼推磨”；鬼是一股阴气，是黑暗的东西。人也贪，也小，也有黑暗处，鬼其实是代人受过的影子。所以我们只说“好人”“坏人”，却只说“坏鬼”；恨也罢，爱也罢，从来没有人说“好鬼”。

“好鬼”不在话下，“美鬼”也不在话下，“丑鬼”倒常听见。说“鬼相”，说“像个鬼”，也都指鬼而言。不过丑的未必就不可爱，特别像一个女人说“你看我这副鬼相！”“你看我像个鬼！”她真会想教人讨厌她吗？“做鬼脸”也是鬼，可是往往惹人爱，引人笑。这些都是丑得有意思。“鬼头鬼脑”不但丑，并且丑得小气。“鬼胆”也是小的，“鬼心眼儿”也是小的。“鬼胎”不用说的怪胎，“怀着鬼胎”不用说得担惊害怕。还有，书上说，“冷如鬼手馨！”鬼手是冰凉的，尸体原是冰凉的。“鬼叫”“鬼哭”都刺耳难听。——“鬼胆”和“鬼心眼儿”却有人爱，为的是怪可怜见的。从我们话里所见的鬼的身体，大概就是这一些。

再说“鬼鬼祟祟的”虽然和“鬼头鬼脑”差不多，可只描画那小气而不光明的态度，没有指出身体部分。这就跟着“出了鬼！”“其中有鬼！”固然，“鬼”“诡”同音，但是究竟因“鬼”而“诡”，还是因“诡”而“鬼”，似乎是个兜不完的圈子。我们也说“出了花样”“其中有花样”，“花样”正是“诡”，是“谲”；鬼是诡谲不过的，所以花样多的人，我们说他“鬼得很！”书上的“鬼蜮伎俩”，口头的“鬼计多端”，指的就是这一类人。这种人只惹人讨厌招人恨，谁爱上了他们才怪！这种人的话自然常是“鬼话”。不过“鬼话”未必都是这种人的话，有些居然娓娓可听，简直是“昵昵儿女语”，或者是“海外奇谈”。说是“鬼话”！尽管不信可是爱听的，有的是。寻常诳语也叫作“鬼话”，王尔德说得有理，诳原可以是很美的，只要撒得好。鬼并不老是那么精明，也有马虎的时候，说这种“无关心”的“鬼话”，就是他马虎的时候。写不好字叫作“鬼画符”，做不好活也叫作“鬼画符”，都是马马虎虎的，敷敷衍衍的。若连不相干的“鬼话”都不爱说，“符”也不爱“画”，那更是“懒鬼”。“懒鬼”还可以希望他不懒，最怕的是“鬼混”，“鬼混”就简直没出息了。

从来没有听见过“笨鬼”，鬼大概总有点儿聪明，所谓“鬼聪明”。“鬼聪明”虽然只是不正经的小聪明，却也有了不起处。“什么鬼玩意儿！”尽管你瞧不上眼，他的可是一套玩意儿。你笑，你骂，你有时笑不得，哭不得，总之，你不免让“鬼玩意儿”要一回。“鬼聪明”也有正经的，书上叫作“鬼才”。李贺是唯一的号为“鬼才”的诗人，他的诗浓丽和幽险，森森然有鬼气。更上一层的“鬼聪明”，书上叫作“鬼工”；“鬼工”险而奇，非人力所及。这词儿用来夸赞佳山水，大自然的创作，但似乎更多用来夸赞人们文学的和艺术的创作。还有“鬼斧神工”，自然奇妙，也是这一类颂辞。借了“神”的光，“鬼”才能到这“自然奇妙”的一步，不然只是“险而奇”罢了。可是借光也不大易，论书画的将“神品”列在第一，绝不列“鬼品”，“鬼”到底不能上品，真也怪可怜的。

（作于1944年5月21日，原载于1944年昆明《中央日报·星期增刊》）

# 正义

朱自清

人间的正义是在哪里呢?

正义是在我们的心里！从明哲的教训和见闻的意义中，我们不是得着大批的正义么?但白白地搁在心里，谁也不去取用，却至少是可惜的事。两石白米搁在屋里，总要吃它干净，两箱衣服堆在屋里，总要轮流穿换，一大堆正义却扔在一旁，满不理会，我们真大方，真舍得！看来正义这东西也真贱，竟抵不上白米的一个尖儿，衣服的一个扣儿。——爽性用它不着，倒也罢了，谁都又装出一副发急的样子，张张皇皇地寻觅着。这个葫芦里卖的什么药?我的聪明的同伴啊，我真想不通了！

我不曾见过正义的面，只见过它的弯曲的影儿——在“自我”的唇边，在“威权”的面前，在“他人”的背后。

正义可以做幌子，一个漂亮的幌子，所以谁都愿意念着它的名字。“我是正经人，我要做正经事”，谁都向他的同伴这样隐隐地自诩着。但是除了用以“自诩”之外，正义对于他还有什么作用呢？他独自一个时，早忘了它的名字，而去创造“自己的正义”了！他所给予的正义，只是让它的影儿在他的唇边闪烁一番而已。但是，这毕竟不算十分辜负正义，比那凭着正义的名字以行罪恶的，还胜一筹。可怕的正是这种假名行恶的人。他嘴里唱着正义的名字，手里却满满地握着罪恶；他将这些罪恶送给社会，粘上金碧辉煌的正义的签条送了去。社会凭着他所唱的名字和所粘的签条，欣然受了这份礼；就是明知道是罪恶，也还是欣然受了这份礼！易卜生“社会栋梁”一出戏，就是这种情形。这种人的唇边，虽更频繁地闪烁着正义的弯曲的影儿，但是深藏在他们心底的正义，只怕早已霉了，烂了，且将毁灭了。在这些人里，我见不着正义。

在亲子之间，师傅学徒之间，军官兵士之间，上司属僚之间，似乎有正义可见了，但是也不然。卑幼大抵顺从他们长上的，长上要施行正义于他们，他们诚然是不“能”违抗的——甚至“父教子死，子不得不死”一类话也说出来了。他们发现有形的扑鞭和无形的赏罚在长上们的背后，怎敢去违抗呢？长上们凭着权威的名字施行正义，他们怎敢不遵呢？但是你私下问他们，“信么？服么？”他们必摇摇他们的头，甚至还奋起他们的双拳呢？这正是因为长上们不凭着正义的名字而施行正义的缘故了。这种正义只能由长上行于卑幼，卑幼是不能行于长上的，所以是偏颇的；这种正义只能施与卑幼，而不能施与他人，所以是破碎的；这种正义受着威权的鼓弄，有时不免要扩大到它应有的轮廓之外，那时它又是肥大的。这些依旧只是正义的弯曲的影儿。不凭着正义的名字而施行正义，我在这等人里，仍旧见不着它。

在没有威权的地方，正义的影儿更弯曲了。名位与金钱的面前，正义只剩淡如水的微痕了。你瞧现在一班大人先生见了所谓督军等人的劲儿！他们未必愿意如此的，但是一当了面，估量着对手的名位，就不免心里一软，自然要给他一些面子——于是不知不觉地就敷衍起来了。至于平常的人，偶然见了所谓名流，也不免要吃一惊，那时就是心里有一百二十个不以为然，也只好姑且放下，另做一番“足恭”的样子，以表倾慕之诚。所以一班达官通人，差不多是正义的化外之民，他们所做的都是合于正义的，乃至他们所做的就是正义了！——在他们实在无所谓正义与否了。呀！这样，正义岂不已经沦亡了？却又不然。须知我只说“面前”是无正义的，“背后”的正义却幸而还保留着。社会的维持，大部分或者就靠着这背后的正义罢。但是背后的正义，力量究竟是有限的，因为隔开一层，不由的就单弱了。一个为富不仁的人，背后虽然免不了人们的指摘，面前却只有恭敬。一个华服翩翩的人，犯了违警律，就是警察也要让他五分。这就是我们的正义了！我们的正义百分之九十九是在背后的，而在极亲近的人间，有时候这个背后的正义也没有！因为太亲近了，什么也可以原谅了，什么也可以马虎了，正义就任怎么弯曲也可以了。背后的正义只有存生疏的人们间。生疏的人们间，没有什么密切的关系，自然可以用上正义这个幌子。至于一定要到背后才叫出正义来，那全是为了情面的缘故。情面的根底大概也是一种同情，·种廉价的同情。现在的人们只喜欢廉价的东西，在正义与情面两者中，就尽先取了情面，而将正义放在背后。在极亲近的人间，情面的优先权到了最大限度，正义就几乎等于零，就是在背后也没有了。背后的正义虽也有相当的力量，但是比起前面的正义就大大的不同了，启发与戒惧的功能都如掺了水的薄薄的牛乳似的——于是仍旧只算是一个弯曲的影儿。在这些人里，我更见不着正义！

人间的正义究竟是在哪里呢？满藏在我们心里！为什么不取出来呢？它没有优先权！在我们心里，第一个尖儿是自私，其余就是威权，势力，亲疏，情面等等；等到这些角色一一演毕，才轮得到我们可怜的正义。你想，时候已经晚了，它还有出台的机会么？没有！所以你要正义出台，你就得排除一切，让它做第一个尖儿。你得凭着它自己的名字叫它出台。你还得抖擞精神，准备一副好身手，因为它是初出台的角儿，捣乱的人必多，你得准备着打——不打不成相识啊！打得站住了脚携住了手，那时我们就能从容地瞻仰正义的面目了。

（作于 1924 年 5 月 14 日，原载于 1924 年《我们的七月》一书）

# 儿女

朱自清

我现在已是五个儿女的父亲了。想起圣陶喜欢用的“蜗牛背了壳”的比喻，便觉得不自在。新近一位亲戚嘲笑我说，“要剥层皮呢！”更有些悚然了。十年前刚结婚的时候，在胡适之先生的《藏晖室札记》里，见过一条，说世界上有许多伟大的人物是不结婚的；文中并引培根的话，“有妻子者，其命定矣。”当时确吃了一惊，仿佛梦醒一般；但是家里已是不由分说给娶了媳妇，又有什么可说？现在是一个媳妇，跟着来了五个孩子；两个肩头上，加上这么重一副担子，真不知怎样走才好。“命定”是不用说了；从孩子们那一面说，他们该怎样长大，也正是可以忧虑的事。我是个彻头彻尾自私的人，做丈夫已是勉强，做父亲更是不成。自然，“子孙崇拜”“儿童本位”的哲理或伦理，我也有些知道；既做着父亲，闭了眼抹杀孩子们的权利，知道是不行的。可惜这只是理论，实际上我是仍旧按照古老的传统，在野蛮地对付着，和普通的父亲一样。近来差不多是中年的人了，才渐渐觉得自己的残酷；想着孩子们受过的体罚和叱责，始终不能辩解——像抚摩着旧创痕那样，我的心酸溜溜的。有一回，读了有岛武郎《与幼小者》的译文，对了那种伟大的，沉挚的态度，我竟流下泪来了。去年父亲来信，问起阿九，那时阿九还在白马湖呢；信上说，“我没有耽误你，你也不要耽误他才好。”我为这句话哭了一场；我为什么不像父亲的仁慈？我不该忘记，父亲怎样待我们来着！人性许真是二元的，我是这样的矛盾；我的心像钟摆似的来去。

你读过鲁迅先生的《幸福的家庭》么？我的便是那一类的“幸福的家庭”！每天午饭和晚饭，就如两次潮水一般。先是孩子们你来他去地在厨房与饭间里查看，一面催我或妻发“开饭”的命令。急促繁碎的脚步，夹着笑和嚷，一阵阵袭来，直到命令发出为止。他们一递一个地跑着喊着，将命令传给厨房里佣人；便立刻抢着回来搬凳子。于是这个说，“我坐这儿！”那个说，“大哥不让我！”大哥却说，“小妹打我！”我给他们调解，说好话。但是他们有时候很固执，我有时候也不耐烦，这便用着叱责了；叱责还不行，不由自主地，我的沉重的手掌便到他们身上了。于是哭的哭，坐的坐，局面才算定了。接着可又你要大碗，他要小碗，你说红筷子好，他说黑筷子好；这个要干饭，那个要稀饭，要茶要汤，要鱼要肉，要豆腐，要萝卜；你说他菜多，他说你菜好。妻是照例安慰着他们，但这显然是太迂缓了。我是个暴躁的人，怎么等得及？不用说，用老法子将他们立刻征服了；虽然有哭的，不久也就抹着泪捧起碗了。吃完了，纷纷爬下凳子，桌上是饭粒呀，汤汁呀，骨头呀，渣滓呀，加上纵横的筷子，欹斜的匙子，就如一块花花绿绿的地图模型。吃饭而外，他们的大事便是游戏。游戏时，大的有大主意，小的有小主意，各自坚持不下，于是争执起来；或者大的欺负了小的，或者小的竟欺负了大的，被欺负的哭着嚷着，到我或妻的面前诉苦；我大抵仍旧要用老法子来判断的，但不理的时候也有。最为难的，是争夺玩具的时候：这一个的与那一个的是同样的东西，却偏要那一个的；而那一个便偏不答应。在这种情形之下，不论如何，终于是非哭了不可的。这些事件自然不至于天天全有，但大致总有好些起。我若坐在家里看书或写什么东西，管保一点钟里要分几回心，或站起来一两次的。若是雨天或礼拜日，孩子们在家的多，那么，摊开书竟看不下一行，提起笔也写不出一个字的事，也有过的。我常和妻说，“我们家真是成日的千军万马呀！”有时是不但“成日”，连夜里也有兵马在进行着，在有吃乳或生病的孩子的时候！

我结婚那一年，才十九岁。二十一岁，有了阿九；二十三岁，又有了阿菜。那时我正像一匹野马，哪能容忍这些累赘的鞍鞯，辔头，和缰绳？摆脱也知是不行的，但不自觉地时时在摆脱着。现在回想起来，那些日子，真苦了这两个孩子；真是难以宽宥的种种暴行呢！阿九才两岁半的样子，我们住在杭州的学校里。不知怎地，这孩子特别爱哭，又特别怕生人。一不见了母亲，或来了客，就哇哇地哭起来了。学校里住着许多人，我不能让他扰着他们，而客人也总是常有的；我懊恼极了，有一回，特地骗出了妻，关了门，将他按在地下打了一顿。这件事，妻到现在说起来，还觉得有些不忍；她说我的手太辣了，到底还是两岁半的孩子！我近年常想着那时的光景，也觉黯然。阿菜在台州，那是更小了；才过了周岁，还不大会走路。也是为了缠着母亲的缘故吧，我将她紧紧地按在墙角里，直哭喊了三四分钟；因此生了好几天病。妻说，那时真寒心呢！但我的苦痛也是真的。我曾给圣陶写信，说孩子们的磨折，实在无可奈何；有时竟觉着还是自杀的好。这虽是气愤的话，但这样的心情，确也有过的。后来孩子是多起来了，磨折也磨折得久了，少年的锋棱渐渐地钝起来了；加以增长的年岁增长了理性的裁制力，我能够忍耐了——觉得从前真是一个“不成材的父亲”，如我给另一个朋友信里所说。但我的孩子们在幼小时，确比别人的特别不安静，我至今还觉如此。我想这大约还是由于我们抚育不得法；从前只一味地责备孩子，让他们代我们负起责任，却未免是可耻的残酷了！

正面意义的“幸福”，其实也未尝没有。正如谁所说，小的总是可爱，孩子们的小模样，小心眼儿，确有些教人舍不得的。阿毛现在五个月了，你用手指去拨弄她的下巴，或向她做趣脸，她便会张开没牙的嘴咯咯地笑，笑得像一朵正开的花。她不愿在屋里待着；待久了，便大声儿嚷。妻常说，“姑娘又要出去溜达了。”她说她像鸟儿般，每天总得到外面溜一些时候。闰儿上个月刚过了三岁，笨得很，话还没有学好呢。他只能说三四个字的短语或句子，文法错误，发音模糊，又得费气力说出；我们老是要笑他的。他说“好”字，总变成“小”字；问他“好不好？”他便说“小”，或“不小”。我们常常逗着他说这个字玩儿；他似乎有些觉得，近来偶然也能说出正确的“好”字了——特别在我们故意说成“小”字的时候。他有一只搪瓷碗，是一毛来钱买的；买来时，老妈子教给他，“这是一毛钱。”他便记住“一毛”两个字，管那只碗叫“一毛”，有时竟省称为“毛”。这在新来的老妈子，是必需翻译了才懂的。他不好意思，或见着生客时，便咧着嘴痴笑；我们常用了土话，叫他作“呆瓜”。他是个小胖子，短短的腿，走起路来，蹒跚可笑；若快走或跑，便更好看了。他有时学我，将两手叠在背后，一摇一摆的；那是他自己和我们都要乐的。他的大姊便是阿菜，已是七岁多了，在小学校里念着书。在饭桌上，一定得啰啰唆唆地报告些同学或他们父母的事情；气喘喘地说着，不管你爱听不爱听。说完了总问我：“爸爸认识么？”“爸爸知道么？”妻常禁止她吃饭时说话，所以她总是问我。她的问题真多：看电影便问电影里的是不是人？是不是真人？怎么不说话？看照相也是一样。不知谁告诉她，兵是要打人的。她回来便问，“兵是人么？”“为什么打人？”近来大约听了先生的话，回来又问“张作霖的兵是帮谁的？”“蒋介石的兵是不是帮我们的？”诸如此类的问题，每天短不了，常常闹得我不知怎样答才行。她和闰儿在一处玩儿，一大一小，不很合式，老是吵着哭着。但合式的时候也有：譬如这个往床底下躲，那个便钻进去追着；这个钻出来，那个也跟着——从这个床到那个床，只听见笑着，嚷着，喘着，真如妻所说，像小狗似的。现在在京的，便只有这三个孩子；阿九和转儿是去年北来时，让母亲暂时带回扬州去了。阿九是欢喜书的孩子。他爱看《水浒》《西游记》《三侠五义》《小朋友》等；没有事便捧着书坐着或躺着看。只不欢喜《红楼梦》，说是没有味儿。是的，《红楼梦》的味儿，一个十岁的孩子，哪里能领略呢？去年我们事实上只能带两个孩子来；因为他大些，而转儿是一直跟着祖母的，便在上海将他俩丢下。我清清楚楚记得那分别的一个早上。我领着阿九从二洋泾桥的旅馆出来，送他到母亲和转儿住着的亲戚家去。妻嘱咐说，“买点吃的给他们吧。”我们走过四马路，到一家茶食铺里。阿九说要熏鱼，我给买了；又买了饼干，是给转儿的。便乘电车到海宁路。下车时，看着他的害怕与累赘，很觉恻然。到亲戚家，因为就要回旅馆收拾上船，只说了一两句话便出来；转儿望望我，没说什么，阿九是和祖母说什么去了。我回头看了他们一眼，硬着头皮走了。后来妻告诉我，阿九背地里向她说：“我知道爸爸欢喜小妹，不带我上北京去。”其实这是冤枉的。他又曾和我们说，“暑假时一定来接我啊！”我们当时答应着；但现在已是第二个暑假了，他们还在迢迢的扬州待着。他们是恨着我们呢？还是惦着我们呢？妻是一年来老放不下这两个，常常独自暗中流泪；但我有什么法子呢！想到“只为家贫成聚散”一句无名的诗，不禁有些凄然。转儿与我较生疏些。但去年离开白马湖时，她也曾用了生硬的扬州话（那时她还没有到过扬州呢）和那特别尖的小嗓子向着我："我要到北京去。"她晓得什么北京，只跟着大孩子们说罢了；但当时听着，现在想着的我，却真是抱歉呢。这兄妹俩离开我，原是常事，离开母亲，虽也有过一回，这回可是太长了；小小的心儿，知道是怎样忍耐那寂寞来着！

我的朋友大概都是爱孩子的。少谷有一回写信责备我，说儿女的吵闹，也是很有趣的，何至可厌到如我所说；他说他真不解。子恺为他家华瞻写的文章，真是"蔼然仁者之言"。圣陶也常常为孩子操心：小学毕业了，到什么中学好呢？——这样的话，他和我说过两三回了。我对他们只有惭愧！可是近来我也渐渐觉着自己的责任。我想，第一该将孩子们团聚起来，其次便该给他们些力量。我亲眼见过一个爱儿女的人，因为不曾好好地教育他们，便将他们荒废了。他并不是溺爱，只是没有耐心去料理他们，他们便不能成材了。我想我若照现在这样下去，孩子们也便危险了。我得计划着，让他们渐渐知道怎样去做人才行。但是要不要他们像我自己呢？这一层，我在白马湖教初中学生时，也曾从师生的立场上问过丏尊，他毫不踌躇地说，"自然啰。"近来与平伯谈起教子，他却答得妙，"总不希望比自己坏啰。"是的，只要不比自己坏就行，像不像倒是不在乎的。职业，人生观等，还是由他们自己去定的好；自己顶可贵，只要指导，帮助他们去发展自己，便是极贤明的办法。

予同说，"我们得让子女在大学毕了业，才算尽了责任。"SK

说，“不然，要看我们的经济，他们的材质与志愿；若是中学毕了业，不能或不愿升学，便去做别的事，譬如做工人吧，那也并非不行的。”自然，人的好坏与成败，也不尽靠学校教育；说是非大学毕业不可，也许只是我们的偏见。在这件事上，我现在毫不能有一定的主意；特别是这个变动不居的时代，知道将来怎样？好在孩子们还小，将来的事且等将来吧。目前所能做的，只是培养他们基本的力量——胸襟与眼光；孩子们还是孩子们，自然说不上高的远的，慢慢从近处小处下手便了。这自然也只能先按照我自己的样子：“神而明之，存乎其人，”光辉也罢，倒楣也罢，平凡也罢，让他们各尽各的力去。我只希望如我所想的，从此好好地做一回父亲，便自称心满意。——想到那“狂人”“救救孩子”的呼声，我怎敢不悚然自勉呢？

（1928年6月24日晚写毕，北京清华园，原载于1928年10月10日《小说月报》第19卷第10号）

# 论气节

朱自清

气节是我国固有的道德标准，现代还用着这个标准来衡量人们的行为，主要的是所谓读书人或士人的立身处世之道。但这似乎只在中年一代如此，青年代倒像不大理会这种传统的标准，他们在用着正在建立的新的标准，也可以叫作新的尺度。中年代一般的接受这传统，青年代却不理会它，这种脱节的现象是这种变的时代或动乱时代常有的。因此就引不起什么讨论。直到近年，冯雪峰先生才将这标准这传统作为问题提出，加以分析和批判：这是在他的《乡风与市风》那本杂文集里。

冯先生指出“士节”的两种典型：一是忠臣，一是清高之士。他说后者往往因为脱离了现实，成为“为节而节”的虚无主义者，结果往往会变了节。他却又说“士节”是对人生的一种坚定的态度，是个人意志独立的表现。因此也可以成就接近人民的叛逆者或革命家，但是这种人物的造就或完成，只有在后来的时代，例如我们的时代。冯先生的分析，笔者大体同意；对这个问题笔者近来也常常加以思索，现在写出自己的一些意见，也许可以补充冯先生所没有说到的。

气和节似乎原是两个各自独立的意念。《左传》上有“一鼓作气”的话，是说战斗的。后来所谓“士气”就是这个气，也就是“斗志”；这个“士”指的是武士。孟子提倡的“浩然之气”，似乎就是这个气的转变与扩充。他说“至大至刚”，说“养勇”，都是带有战斗性的。“浩然之气”是“集义所生”，“义”就是“有理”或“公道”。后来所谓“义气”，意思要狭隘些，可也算是“浩然之气”的分支。现在我们常说的“正义感”，虽然特别强调现实，似乎也还可以算是跟“浩然之气”联系着的。至于文天祥所歌咏的“正气”，更显然跟“浩然之气”一脉相承。不过在笔者看来两者却并不完全相同，文氏似乎在强调那消极的节。

节的意念也在先秦时代就有了，《左传》里有“圣达节，次守节，下失节”的话。古代注重礼乐，乐的精神是“和”，礼的精神是“节”。礼乐是贵族生活的手段，也可以说是目的。

他们要定等级，明分际，要有稳固的社会秩序，所以要“节”，但是他们要统治，要上统下，所以也要“和”。礼以“节”为主，可也得跟“和”配合着；乐以“和”为主，可也得跟“节”配合着。节跟和是相反相成的。明白了这个道理，我们可以说所谓“圣达节”等等的“节”，是从礼乐里引申出来成了行为的标准或做人的标准；而这个节其实也就是传统的“中道”。

按说“和”也是中道，不同的是“和”重在合，“节”重在分；重在分所以重在不犯不乱，这就带上消极性了。

向来论气节的，大概总从东汉末年的党祸起头。那是所谓处士横议的时代。在野的士人纷纷地批评和攻击宦官们的贪污政治，中心似乎在太学。这些在野的士人虽然没有严密的组织，却已经在联合起来，并且博得了人民的同情。宦官们害怕了，于是乎逮捕拘禁那些领导人。这就是所谓“党锢”或“钩党”，“钩”是“钩连”的意思。从这两个名称上可以见出这是一种群众的力量。那时逃亡的党人，家家愿意收容着，所谓“望门投止”，也可以见出人民的态度，这种党人，大家尊为气节之士。气是敢作敢为，节是有所不为——有所不为也就是不合作。这敢作敢为是以集体的力量为基础的，跟孟子的“浩然之气”与世俗所谓“义气”只注重领导者的个人不一样。后来宋朝几千太学生请愿罢免奸臣，以及明朝东林党的攻击宦官，都是集体运动，也都是气节的表现。

但是这种表现里似乎积极的“气”更重于消极的“节”。

在专制时代的种种社会条件之下，集体的行动是不容易表现的，于是士人的立身处世就偏向了“节”这个标准。在朝的要做忠臣，这种忠节或是表现在冒犯君主尊严的直谏上，有时因此牺牲性命；或是表现在不做新朝的官甚至以身殉国上。忠而至于死，那是忠而又烈了。在野的要做清高之士，这种人表示不愿和在朝的人合作，因而游离于现实之外；或者更逃避到山林之中，那就是隐逸之士了。这两种节，忠节与高节，都是个人的消极的表现。忠节至多造就一些失败的英雄，高节更只能造就一些明哲保身的自了汉，甚至于一些虚无主义者。原来气是动的，可以变化。我们常说志气，志是心之所向，可以在四方，可以在千里，志和气是配合着的。节却是静的，不变的；所以要“守节”，要不“失节”。有时候节甚至于是死的，死的节跟活的现实脱了榫，于是乎自命清高的人结果变了节，冯雪峰先生论到周作人，就是眼前的例子。从统治阶级的立场看，“忠言逆耳利于行”，忠臣到底是卫护着这个阶级的，而清高之士消纳了叛逆者，也是有利于这个阶级的。所以宋朝人说“饿死事小，失节事大”，原先说的是女人，后来也用来说士人，这正是统治阶级代言人的口气，但是也表示着到了那时代士的个人地位的增高和责任的加重。

“士”或称为“读书人”，是统治阶级最下层的单位，并非“帮闲”。他们的利害跟君相是共同的，在朝固然如此，在野也未尝不如此。固然在野的处士可以不受君臣名分的束缚，可以“不事王侯，高尚其事”，但是他们得吃饭，这饭恐怕还得靠农民耕给他们吃，而这些农民大概是属于他们做官的祖宗的遗产的。“躬耕”往往是一句门面话，就是偶然有个把真正躬耕的如陶渊明，精神上或意识形态上也还是在负着天下兴亡之责的士，陶的《述酒》等诗就是证据。可见处士虽然有时横议，那只是自家人吵嘴闹架，他们生活的基础一般的主要的还是在农民的劳动上，跟君主与在朝的大夫并无两样，而一般的主要的意识形态，彼此也是一致的。

然而士终于变质了，这可以说是到了民国时代才显著。从清朝末年开设学校，教员和学生渐渐加多，他们渐渐各自形成一个集团；其中有不少的人参加革新运动或革命运动，而大多数也倾向着这两种运动。这已是气重于节了。等到民国成立，理论上人民是主人，事实上是军阀争权。这时代的教员和学生意识着自己的主人身份，游离了统治的军阀；他们是在野，可是由于军阀政治的腐败，却渐渐获得了一种领导的地位。他们虽然还不能和民众打成一片，但是已经在渐渐地接近民众。五四运动划出了一个新时代。自由主义建筑在自由职业和社会分工的基础上。教员是自由职业者，不是官，也不是候补的官。学生也可以选择多元的职业，不是只有做官一路。他们于是从统治阶级独立，不再是“士”或所谓“读书人”，而变成了“知识分子”，集体的就是“知识阶级”。残余的“士”或“读书人”自然也还有，不过只是些残余罢了。这种变质是中国现代化的过程的一段，而中国的知识阶级在这过程中也曾尽了并且还在想尽他们的任务，跟这时代世界上别处的知识阶级一样，也分享着他们一般的运命。若用气节的标准来衡量，这些知识分子或这个知识阶级开头是气重于节，到了现在却又似乎是节重于气了。

知识阶级开头凭着集团的力量勇猛直前，打倒种种传统，那时候是敢作敢为一股气。可是这个集团并不大，在中国尤其如此，力量到底有限，而与民众打成一片又不容易，于是碰到集中的武力，甚至加上外来的压力，就抵挡不住。而一方面广大的民众抬头要饭吃，他们也没法满足这些饥饿的民众。他们于是失去了领导的地位，逗留在这夹缝中间，渐渐感觉着不自由，闹了个“四大金刚悬空八只脚”。他们于是只能保守着自己，这也算是节罢；也想缓缓地落下地去，可是气不足，得等着瞧。可是这里的是偏于中年一代。青年代的知识分子却不如此，他们无视传统的“气节”，特别是那种消极的“节”，替代的是“正义感”，接着“正义感”的是“行动”，其实“正义感”是合并了“气”和“节”，“行动”还是“气”。这是他们的新的做人的尺度。等到这个尺度成为标准，知识阶级大概是还要变质的罢？

（1947年4月13、14日作，原载于1947年5月1日《知识与生活》第2期）

# 教育你的父母

梁实秋

“养不教，父之过。”现在时代不同了。父母年纪大了，子女也负有教育父母的义务。话说起来好像有一点刺耳，而事实往往确是这样。

“吃到老，学到老。”前半句人人皆优为之，后半句却不易做到。人到七老八十，面如冻梨，痴呆黄耇，步履维艰，还教他学什么？只合含饴弄孙（如果他被准许做这样的事），或只坐在公园木椅上晒太阳。这时候做子女的就要因材施教，教他的父母不可自暴自弃，应该“当一天和尚撞一天钟”“人生七十才开始”。西谚有云：“没有狗老得不能学新把戏。”岂可人不如狗？并且可以很容易地举出许多榜样，例如：

一、摩西老祖母一百岁时还在画画。

二、罗素九十四岁时还在奔走世界和平。

三、萧伯纳九十二岁还在编戏。

四、史怀泽八十九岁还在非洲行医。

五、歌德写完他的《浮士德》时是八十三岁。

旁敲侧击，教他见贤思齐，争上游，不可以自甘老朽，饱食终日。游手好闲，耗吃等死，就是没出息。年轻人没出息，犹有指望，指望他有朝一日悛悔自新。上了年纪的人没出息，还有什么指望？二辈子！

孩子已经长大成人，甚至已经生男育女，在父母眼中他还是孩子。所以老莱子彩衣娱亲，仆地做儿啼，算是孝行。那时候他已经行年七十，他的父母该是九十以上的人了。这种孝行如今不可能发生。如今的孩子，翅膀一硬，就要远走高飞，此后男婚女嫁，小两口子自成一个独立的单位，五世同堂乃成为一种幻想，或竟是梦魇。现代子女应该早早提醒父母，老境如何打发，宜早为之计，告诉他们如何储蓄以为养老之资，如何锻炼身体以免百病丛生。最重要的是要他们心理有所准备，需要自求多福。颐养天年，与儿女无涉。俗语说："一个人可以养活十个儿子，十个儿子养不活一个爸爸。"那就是因为儿子本身也要养活儿子，自顾不暇，既要承上，又要启下，忙不过来。十个儿子互相推诿，爸爸就没人管了。

代沟之说，有相当的道理。不过这条沟如何沟通，只好潜移默化，子女对父母未便耳提面命。上一代的人有许多怪习惯，例如：父母对于用钱的方式，就常不为子女所了解。年轻人心里常嘀咕，你要那么多钱干什么？一个钱也带不了棺材里去！一个钱看得像斗大，一串串地穿在肋骨上，就是舍不得摘下来。眼瞧着钱财越积越多，而生活水准不见提高。嘀咕没有用，要事实上逐步提示新的生活模式。看他的一把坐椅缺了一只脚，垫着一块砖，勉强凑和，你便不妨给他买一张转椅躺椅之类，看他肯不肯坐。看他的衣服捉襟见肘，污渍斑斑，你便不妨给他买一件松松大大的夹克，看他肯不肯穿。这当然不免要破费几文，然而这是个案研究的教学法，教具是免不了的。终极目的是要父母懂得如何过现代的生活，要让他知道消费未必就是浪费。

勤俭起家的人无不爱惜物资。一颗饭粒都不可剩在碗里，更不可以落在地上。一张纸，一根绳，都不能委弃，以至家家都有一屋子的破铜烂铁。陶侃竹头木屑的故事一直传为美谈，须知陶侃至少有储存那些竹头木屑的地方。如今三房两厅的逼仄的局面，如何容得下那一大堆的东西？所以做子女的在家里要不时地负起清除家里陈年垃圾的责任。要教导父母，莫要心疼，旧的不去，新的不来。

我们一般中国人没有立遗嘱的习惯，尽管死后子女打得头破血出，或是把一张楠木桌锯成两半以便平分，或是缠讼经年丢人现眼，就是不肯早一点安排清楚。其原因在于讳言死。人活着的时候称死为“不讳”或“不可讳”，那意思就是说能讳时则讳，直到翘了辫子才不再讳。逼父母立遗嘱，这当然使不得。劝父母立遗嘱，也很难启齿。究竟如何使父母早立遗嘱，就要相机行事，趁父母心情开朗的时候，婉转进言，善为说辞，以不伤感情为主。等到父母病革，快到易箦的时候才请他口授遗言，似乎是太晚了一些。

教育的方法多端，言教不如身教。父母设非低能，大抵也会知道模仿。在公共场所，如果年轻人都知道不可喧哗，他们的父母大概也会不大声说话。如果年轻人都知道鱼贯排队，他们的父母也会不再攘臂抢先。如果年轻人不牵着狗在人行道上遗矢，他们的父母也许不好意思到处吐痰。种种无言之教，影响很大，父母教育儿女，儿女也教育父母，有些事情是需要解释的，例如：中年发福不是好现象，要防止高血压，要注意胆固醇等。

有些父母在行为上犯有错误，甚至恶性重大不堪造就，为人子者也负有教育的责任。子曰："事父母，几谏；见志不从，又敬而不违，劳而不怨。"这就是说，父母有错，要委婉劝告，不可不管；他不听，也不可放弃不管，更不可怨恨。当然，更不可以体罚。看父母那副孱弱的样子，不足以当尊拳。

（原载于《雅舍小品》，写作时间不详）

# 在困境中更要发愤求进

华罗庚

今天，我就给在座的好多先后同学谈谈我的经历，也就是我的学历。我的经历，或者说我的学历，讲起来也简单，也不简单，说简单，就是三个字：靠自学。说不简单，就是一生中，遭受过许多次“劫难”。

现在，我们大家称“文化大革命”是一场浩劫。如果从“劫”字谈起，那么我这一辈子碰到过三“劫”，我准备讲一讲我怎么度过这三场“劫数”的。这样，同学们也可以对比一下，把现在的环境，同我从前的那个环境对比，看哪个环境更有利于我们的发展，如果今天的环境确实比我们以前的那个环境好，大家就可以更有信心地走到前面去。这就是我讲话的目的，我不是要在这儿宣扬自己，而是把我的经历给同学们作借鉴。

先说第一“劫”。这一“劫”就是从我们这所学校开始的。你们现在叫金坛县中了，我们当时叫金坛初中，最高班是初中三年级。在国外有时人家问我什么学历，我说，我的最高学历就是初三，金坛县初中毕业。人家问我有什么文凭，我说，我有一张文凭，就是初中毕业的文凭，除此之外，没有了。一直到一九八〇年才发生了一个变化，法国给我荣誉博士证书，现在总算有头衔了，以往都没有。我初中毕业是多少岁呢？我只有十五岁。后来，又到上海进了一年职业学校。尽管那个学校给了我免交学费，不过还是交不起饭费，后来只好回家呆着。我的家，就在大桥那边，现在叫南新桥，从前叫大桥。我就住在桥东。在家怎么办呢？要是现在的话，没有机会上正规学校，也许有许多其他求学的机会，像电视大学啊，函授大学啊，我们那个时候可没有这个方便，也没有像现在这样的图书馆，我只有一本大代数，一本解析几何，还有一本很薄的五十页的微积分，我就啃这么几本书。那时候，这当然也不知道有社会主义、共产主义，只感觉我们应该为国家出一点力，争一点光。

我就这样开始钻研学问了。也许有人要说这是笑话，念了几年书就谈钻研了。那不是笑话！钻研并不是迷信，并不一定大学毕业才能钻研，也不是非有齐全的条件不可。实际上，真正肯钻研的人在什么场合都可以钻研。这是大约一九二五年到一九二八年的事情。我记得，后来大约在十八九岁的时候，我又有机会回到这个学校里来了。到这个学校做什么呢？当会计兼事务。那时我的老师王维克，预备提拔我一下，预备搞一个初中一年级补习班，让我去教书。但刚有一个计划，不幸我的母亲在那年死了，我也生了重病，我病在床上六个月，腿就坏了。要是在今天，我的腿是不该坏的。现在都知道，如果生病睡在床上睡久了，不翻身会发生组织坏死，所以不管疼不疼要翻几个身，那个时候我们既请不起医生，也没有哪一个人告诉我这个常识，所以病后起来，就不会走路了。本来嘛，不生病，身体好，还可以多参加一点体力劳动，挣碗饭吃，可是我的腿坏了。我们家里原不宽裕，我一生病，那就更穷了。亏得那位王维克老师，在我身体好些后，还是让我参加工作，让我在那个补习班教了一个月的书。但结果有人告了一状，说什么王维克校长任用不合格教员华罗庚。王维克校长是法国留学生，做初中校长，未免委屈，他一听有人告状，就不干了。

在这种情况下，我也几乎没有办法了。继任的校长叫韩大受，他说，旁人上任要带会计来，我不带，就让你干，不过书万万不能教了，因为前任校长就是为了你任课而被告了一状的。这样，我总算当了一个会计。有了一点办法，我就继续钻研下去。不久，清华大学找我去任职，那大约是一九三一年。到了清华，他们碰到一个困难：怎么安排我的工作？这是个麻烦，因为要在清华大学当个助教，应当有大学毕业的资格，否则又是不合格的教员。后来，清华大学安排我当数学系助理。所谓助理，就是管管图书，管管公文，打打字，办点杂事。助理已经很不错了，我继续抓紧学习，过了一年半，他们让我教微积分。这一关是非常难过的，为什么呢？因为没资格啊！清华大学的教授为此特别开会通过，让我教微积分。这等于说，清华大学承认我了，我可以抵得上大学毕业了。从初中毕业到当大学教师，我前后大约用了六年半时间，通常初中到大学毕业要用八年。从这一点同学们可以看到，学习要自己努力，努力就可以很快上去。

到一九三六年，我就到英国去了。一九三八年我从英国回来，因为那时候抗日战争了，有好多事情要做。回来后，清华大学就让我直接当教授了。从助教到教授，前后又是七年。现在有的人，身在研究机关，自己是大学毕业生，环境很好，又有书，又有杂志，又有导师，更重要的还有党的领导，但就是对赶世界先进水平没有信心。要知道，到二〇〇〇年还有二十年啊，能不能赶得上呢？从我人生经历里面，同学们可以算一笔账，只要有一点简单的算术知识，就可以得出解答。

以上是我早年碰到的困难。同学们可以想一想，在旧社会，又没有书，又没有钱，又没有老师，甚至没有灯光，电灯黄黄的，一点儿光，看不清。

今天，在党的关怀之下，我们有这么好的环境，我请同学们对比一下，一方面要珍惜现在的环境，另一方面要加强信心。现在很多人没有信心，能不能赶上世界先进水平啊？四个现代化能不能搞得成功啊？等等。从我的体会讲，我觉得有信心，赶得上。不过做个懒人可不行，要加强努力，才赶得上。

现在，再讲我生平第二“劫”。抗日战争期间，我从英国回来，当时后方条件很差，回到昆明以后，吃不饱，饿不死。那个时候，有句话叫“教授教授，越教越瘦”。记得有这么个故事：教授在前面走，要饭的在后面跟，跟了一条街，前面那个教授实在没有钱，回头说：“我是教授！”那个要饭的就跑掉了，因为连他们也知道，教授身上是没有钱的。在那个时候，日本人封锁我们，国外的资料，甚至杂志之类都看不到，不但封锁，而且还轰炸。在那种困境之中，许多教授不得不改行了，有的还被迫做买卖了，他们跑仰光，去买点东西到昆明来卖。我住在昆明乡下，我住的房子是小楼上的厢房，下面养猪、马、牛，晚上牛在柱子上擦痒，楼板就跟着摇晃。没有电灯，就找了一个油灯使用。油灯是什么样的呢？就是一个香烟筒，放个油盏，那儿没有灯草，就摘一点棉花做灯芯。就是在这种微弱的灯光下，我从一九四〇年到一九四二年完成了我的《堆垒素数论》，后来又跨到了矩阵几何。

抗日战争胜利后，我到美国去了，当上了“洋教授”。我当“洋教授”也比较困难。别人是又有博士头衔，又有大学毕业证书，我却都没有。在这种情况之下，人家还是让我当了教授。所以同学们可以看到，第二次在昆明的艰苦环境里，由于坚持不懈，有了成果，人家还是不得不承认的。

第三“劫”，是“文化大革命”时期，我是“臭老九”，当然不能幸免。一九八〇年，外国又来邀请我去讲学。有的朋友很关心，也有点担忧，他们说，这次华罗庚出国，可能要摔跤，可能要露底了。为什么呢？因为“文化大革命”中，我图书馆也不能进，十几年不上图书馆了，还能不落后吗？不但如此，大家都知道，那时候，我一方面是各处跑，搞统筹优选，是很忙的；另一方面，背后还要防“四人帮”的冷箭，虽然时刻提防，我还是被射了不少，甚至在一九七五年被射倒过。所以，有些朋友的关心、担忧是很自然的。

但是，他们不知道我有一个上算的地方，就是“外通里国”。什么叫外通里国？就是外国知道我的名字，有书出版就寄一点给我。这样，我不通过图书馆，也可以知道一些国际行情。而且，他们不了解，我始终没有放弃理论研究。那时候，我身体还很好，白天紧张地搞优选法，有时上午跑四个厂，下午跑三四个厂，一天跑七八个厂。尽管这样紧张，我没有放松理论研究。我的理论研究是晚上进行的。做我的助手也不容易，说不定晚上一点钟、二点钟被叫醒，来考虑考虑这个问题怎么搞。所以他们是很辛苦的。不过那个时候搞了理论研究还不敢说。因为如果哪一天我们暴露出来，等一会儿就要说：你看这个华罗庚，用统筹优选作幌子，他实际上念念不忘半夜搞他的理论研究。这种人后来一看形势变了，他又改一个手法，说华罗庚就只搞统筹优选，不搞理论研究。反正这种人理论不多，实际也不高，但他有一种本领，手里有一根棍子，你搞理论他就打你的理论，你搞实际他就打你的实际。那时期我们的帽子当然不少啰，“唯生产理论”的帽子也戴过了，“以目乱纲”的帽子也戴过了。但你说你的，我干我的。我只知道统筹优选对人民有利，我要搞；我只知道，没有理论就搞不出优选来，所以理论也要搞。

不过，我们刚出国的时候，心里终究也不很踏实。为什么呢？因为十几年中虽然是搞了一些理论研究，但毕竟遭到了损失，许多手稿也抄的抄了，偷的偷了，而且研究成果大部分没有写下来，或者只写了一点草稿，在脑子里像散沙一样，像乱麻一样。如果出国以后，立刻叫我上台讲演的话，我还真有点担心。亏得去了之后开了两个学术性会议，会议后刚好暑假到了，有三个月时间。我们就利用这三个月时间，把研究成果部分整理了一下，整理好之后，我给了他们一个单子，单子提了十个方面。一般讲演，提出几个专题就够了，拿自己最擅长的专题就够了。可是我们提了十个方面。这是什么意思呢？是不是要在外国人面前炫耀一下，表示学问广、精、深，数学十个方面都可以讲？这不是我的想法。我的想法是，到一个地方去，与其讲我自己所长的，不如讲我自己所短的。讲自己所长的好不好？我在这儿跟同学们讲一下哥德巴赫问题好不好？好，为什么呢？大家都听不懂。你们会得出个什么结论呢？华罗庚的话，大家都听不懂，一定是有学问的。可我自己有收获没有？我自己没有，得不到东西。所以我的想法是，提出十个方面来，好让人家自由选择。让他们选，他们一般都是选他们最好的东西，最拿手的东西。好，我就到你那儿讲你们拿手的东西。中国古代有一个说法，切忌班门弄斧。可是我的看法是反过来的：弄斧必到班门！你要耍斧头就要敢到鲁班那儿去耍。在旁人面前耍，欺负人家干啥？你到鲁班面前耍一耍，如果他说你有缺点，一指点，我下回就好一点了；他如果点点头，说明我们的工作就有相当成绩。俗话说，下棋找高手。找一个比我差的人，天天在那里赢他的棋，赢得每天哈哈大笑好不好？好是好，但你的水平提不高。如果你找高手下棋，每一次都输给他，输这么半年下来，你的棋艺能够没有进步吗？所以我主张弄斧到班门，下棋找高手。

这一次，我跑了四个国家，好几十个城市，做了好多次报告。反映怎么样呢？我给跟我出去的同志说：你们向上面汇报，第一，人家给我讲的好话，你少吹点，如果要说一点的话，最好是有书面根据的。为什么呢？因为虽然外国人对学问还是很严肃的，不瞎吹瞎捧别人，不过我们也不得不防备一点，因为我这个七十岁的老头儿到那里去，人家大多是我的学生辈，你又是借了新中国的威信，又是科学院的副院长，人家捧一两句会不会呀？我想是会的。所以，我们情愿估计我们的差距比人家大一点，而不要估计我们比人家好。

我们经常说，我们的文章达到了世界水平。可能某篇文章达到了世界水平，可整个加起来呢，我们的差距还是很大。因为差距是指面上的差距，不是说我们有几个个别的人，他的数学很好，或者他的某一门科学很好，我们中国的科学就很好了。我们是一个面上的差距，是整个的差距。所以领导上再三强调，要提高我们整个民族的科学文化水平。实际真正的水平是整个民族科学文化的水平。当然也不排斥我们有若干个特殊的人先搞好，搞得好。这次我在国外，也同国内一样，“人民来信”多得很。我只想给大家念一封信。有一位美国的学者，在荷兰听了我的报告，他是这样写的：“您在安呐本（今译阿姆斯特丹）的演讲，是真正令人赞叹不已的。您向大家证明了，好的学者即使在最恶劣的逆境中，仍然可以做出出色的成绩，您使我们这些生活在安逸和稳定环境中的人们，只能感到羞愧。”这个人我不认识他，他给我写了这封信。这说明了什么呢？说明即使是像“文化大革命”这样的浩劫，也不能把我国人民压倒。由于我们能够坚持工作，结果还是做出了成果，这个成果还得到世界上学者的承认。而现在是“四害”除掉了，我们的日子是一天比一天好过了，同学们想一想，现在环境这样好，我们应该不应该有信心呢？我想，你们是会做出叫人欣慰的回答的。

那么，我们是不是还会有困难呢？困难肯定有的。不过，现在看起来，就是有困难，也绝不会比从前我们遇到的困难更严酷。就是再有困难，我们还是可以克服的。我们应该有勇气，有志气。对我个人讲，是不是还会有困难呢？当然是会有困难的。除了其他困难，眼前就面对着：自己有成果了，满足于现在的成果，甚至骄傲自满；国外有名声了，国内也有了，我可以歇口气了，可以不要学习了，而且我这个人年纪大了，就指导指导人家搞研究，自己少吃点苦呢。如果这样想，那就是一个危险，这是自己造成的困难。比如，今天我在这里跟同学们见面，以老同学的资格给大家谈自己的经历，就很容易产生满足的思想。所以我要警惕。满足的思想是不能有的。因为学问是没有止境的，科学是实事求是的，是精益求精的。科学每前进一步，都需要付出更大的劳动。所以，我顺便在这儿给同学们把自己的思想暴露一下，讲了之后，对我自己可能有好处的。

我为了经常提醒自己，给自己写了几句话，叫“树老怕空，人老怕松。不空不松，从严以终”。像我这样的年龄，是很容易“松”下来的。当然，并不是说年纪轻的人就不会松呀！年轻人如果要松起来，对不起，我就要以老学长的资格打他的手心啦！总之，搞科学，做学问，要“不空不松，从严以终”。要很严格地搞一辈子工作，为人民服务一辈子。我常常对自己说：以前三次浩劫，都没有把我打垮，说不定很可能最后从我自己的思想上，在已经有收获的时候，自己打垮了自己。我一定要警惕。

现在的学习环境和条件，比我从前碰到的情况好多了。我走的是自学的道路。自学嘛，就得靠自己勤奋努力。有的同志要我谈谈这方面的体会。很系统的一下子讲不出，我想：一、自学最起码的一条要踏实，从自己水平出发，不要好高骛远；二、自学要有周密的计划，要经常检查；三、在自学过程中要多想多练；四、要以长期性、艰苦性克服自学中遇到的困难。要知难而进，锲而不舍。我曾写过这样四句话：“埋头苦干是第一，发白才知智叟呆。勤能补拙是良训，一分辛苦一分才。”

（1981 年在江苏金坛县中学的演讲）

# 从宗教论中西风格

闻一多

要说明中西人风格的不同，可以从种种不同的方面着眼，从宗教着眼，无疑是一个比较扼要的看法。所谓宗教，有广义的，有狭义的，狭义的讲来，中国人没有宗教，因此我们若能知道这狭义宗教的本质是什么，便也知道了中西人风格不同之点在哪里。至于是宗教造成了西洋人的性格，还是西洋人的性格产生了他们的宗教，那是一个鸡生蛋还是蛋生鸡的辩论，我们不去管它。目下我们要认清的一点，是宗教与西洋人的性格是不可分离的。

要确定宗教的本质是什么，最好是溯源到原始思想。生的意志大概是人类一切思想的根苗。人类生活愈接近原始时代，求生意志的强烈，与求生能力的薄弱，愈有形成反比例之势。但是能力愈薄弱，不仅不能减少意志的强烈性，反而增加了它。在这能力与意志不能配合的难关中，人类乃以主观的“生的意识”来补偿客观的“生的事实”之不足，换言之，因一心欲生，而生偏偏是不完整，不绝对的，于是人类便以“死的否认”来保证“生的真实”。这是人类思想史的第一页，也实在是一个了不得的发明。我们今天都认为死是一个千真万确的事实，原始人并不这样想。对于他们，死不过是生命途程中的另一阶段，这只看他们对祭祀态度的认真，便可知道。我们也可以说，他们根本没有死的观念，他们求生之心如此迫切，以至忽略了死的事实，而不自觉地做到了庄子所谓“以死生为一体”的至高境界。我说不自觉地，因为那不是庄子那般通过理智的道路然后达到的境界，理智他们绝对没有，他们只是一团盲目的求生的热欲，在热欲的昏眩中，他们的意识便全为生的观念所占据，而不容许那与生相反的死的观念存在，诚然，由我们看来，这是自欺。但是，要晓得对原始人类，生存是那样艰难，那样没有保障，如果没有这点生的信念，人类如何活得下去呢？所以我们说这人类思想史的第一页，是一个了不得的发明。

原始人类不承认死的事实，那不死简直是肉体的不死，这还是可以由他们对祭祀的态度证明的，但是知识渐开，他们终于不得不承认死是一个事实。承认了死，是否便降低了生的信念呢？那却不然。他们承认的是肉体的死，至于灵魂他们依然坚持是不会死的。以承认肉体的死为代价，换来了灵魂不死的信念，在实利眼光的人看来，是让步，是更无叹的自欺，在原始人类看来，却是胜利，因为他们认为灵魂的存在比肉体的存在还有价值，因此，用肉体的死换来了灵魂的不死，是占了便宜。总之他们是不肯认输，反正一口咬定了不死，讲来讲去，还是不死，甚至客观的愈逼他们承认死是事实，主观的愈加强了他们对不死的信念。他们到底为什么要这样的倔强，这样执迷不悟？理智能力薄弱吗？但要记得这是理智能力进了一步，承认了肉体的死是事实以后的现象。看来理智的压力愈大，精神的信念跳得愈高。理智的发达并不妨碍生的意志，反而鼓励了它，使它创造出一个永生的灵魂。这是人类思想史的第二页，一个更荒唐，也更神妙的发明。

人类由自身的灵魂而推想到大自然的灵魂，本是思想发展过程中极自然的一步。想到这个大自然的灵魂实在说是人类自己的灵魂的一种投射作用，再想到这投射出去的自己，比原来的自己几乎是无限倍数的伟大，并又想到在强化生的信念与促进生的努力中，人类如何利用这投射出去的自己来帮助自己——想到这些复杂而迂回的步骤，更令人惊讶人类的“其愚不可及”，也就是他的其智不可及。如今人毕竟承认了自己无能，因为他的理智又较前更发达了一些，他认清了更多的客观事实，但是他就此认输了吗？没有。人是无能，他却创造了万能的神。万能既出自无能，那么无能依然是万能。如今人是低头了，但只向自己低头，于是他愈低头，自己的地位也愈高。你反正不能屈服他，因为他有着一个铁的生命意志，而铁是愈锤炼愈坚韧的。这人类思想史的第三页，讲理论，是愈加牵强，愈加支离，讲实用，却不能不承认是不可思议的神奇。

如果是以贿赂式的祭祀为手段，来诱致神的福佑或杜绝神的灾祸，或有时还不惜用某种恫吓式的手段，来要挟神做些什么或不做些什么——对神的态度，如果是这样，那便把神的能力看得太小了。人小看了神的能力其实也就是小看了自己的能力，严格地讲，可以恫吓与贿赂的手段来控制的对象，只能称之为妖灵或精物，而不是神，因之，这种信仰也只能算作迷信，而不是宗教，宗教崇拜的对象必须是一个至高无上的，神圣的，万能而慈爱的神，你向他只有无条件的依皈和虔诚的祈祷。你的神愈是全德与万能，愈见得你自己全德与万能，因为你的神就是你所投射出去的自身的影子。既然神就是像自己，所以他不妨是一个人格神，而且必然是一个人格神，神的形象愈像你自己，愈足以证明是你的创造。正如神的权力愈大，愈足以反映你自己权力之大。总之你的神不能太不像你自己，不像你自己，便与你自己无关，他又不能太像你自己，太像你自己，便暴露了你的精神力量究竟有限。是一个不太像你，又不太不像你的全德与万能的人格神，不多不少，恰恰是这样一个信仰，才能算作宗教。

按照上述的宗教思想发展的程序和它的性质，我们很容易辨明中西人谁有宗教谁没有宗教。第一，关于不死的问题，中国人最初分明只有肉体不死的观念，所以一方面那样看重祭祀与厚葬，一方面还有长生不老和白日飞升的神仙观念。真正灵魂不死的观念，我们本没有，我们的灵魂观念是外来的，所以多少总有点模糊。第二，我们的神，在下层阶级里，不是些妖灵精物，便是人鬼的变相，因此都太像我们自己了，在上层阶级里，他又只是一个观念神而非人格神，因此太嫌不像我们自己了。既没有正的灵魂观念，又没有一个全德与万能的人格神，所以说我们没有宗教，而我们的风格和西洋人根本不同之处恐怕也便在这里。我们说死就死，他们说死还是生，我们说人就是人，他们说不是，人是神。我们对现实屈服了，认输了，他们不屈服，不认输，所以他们有宗教而我们没有。

我们在上文屡次提到生的意志，这是极重要的一点，也许就是问题的核心。往往有人说弱者才需要宗教，其实是强者才能创造宗教来扶助弱者，替他们提高生的情绪，加强生的意志。就个人看，似乎弱者更需要宗教，但就社会看，强者领着较弱的同类，有组织地向着一个完整而绝对的生命追求，不正表现那社会的健康吗？宗教本身尽有数不完的缺憾与流弊，产生宗教的动机无疑是健康的。有人说西洋人的爱国思想和恋爱哲学，甚至他们的科学精神，都是他们宗教的产物，他们把国家，爱人和科学的真理都“神化”了，这话并不过分。至少我们可以说，产生他们那宗教的动力，也就是产生那爱国思想，恋爱哲学和科学精神的动力。不是对付的，将就的，马马虎虎的，在饥饿与死亡的边缘上弥留着的活着，而是完整的，绝对的活着，热烈的活着——不是彼此都让步点的委曲求全，所谓“中庸之道”式的，实在是一种虚伪的活，而是一种不折不扣的，不是你死我活，便是我死你活的彻底的，认真的活——是一种失败在今生，成功在来世的永不认输，永不屈服的精神。这便是西洋人的性格。这性格在他们的宗教中表现得最明显，因此也在清教徒的美国人身上表现得最明显。

人生如果仅是吃饭睡觉，寒暄应酬，或囤积居奇，营私舞弊，那许用不着宗教，但人生也有些严重关头，小的严重关头叫你感着不舒服，大的简直要你的命，这些时候来到，你往往感着没有能力应付它，其实还是有能力应付，因为人人都有一副不可思议的潜能。问题只在用一套什么手法把它动员起来。一挺胸，一咬牙，一转念头，潜能起来了，你便能排山倒海，使一切不可能的变为可能了。那不是技术，而是一种魔术。那便是宗教。中国人的办法，似乎是防范严重关头，使它不要发生，借以省却自己应付的麻烦。这在事实上是否可能，姑且不管，即使可能，在西洋人看来，多么泄气，多么没出息！他们甚至没有严重关头，还要设法制造它，为的是好从那应付的挣扎中得到乐趣。没事自己放火给自己扑灭，为的是救火的紧张太有趣了，如果救火不熄，自己反被烧死，那殉道者的光荣更是人生无上的满足！你说荒谬绝伦，简直是疯子！对了，你就是不会发疯，你生活里就缺少那点疯，所以你平庸，懦弱。人家在天上飞时，你在粪坑里爬！

中西风格的比较？你拿什么跟人家比？你配？尽管有你那一套美丽名词，还是掩不住那渺小，平庸，怯懦，虚伪，掩不住你的小算盘，你的偷偷摸摸，自私自利，和一切的丑态。你的孝悌忠信，礼义廉耻，和你古圣先贤的什么哲学只令人作呕，我都看透了！你没有灵魂，没有上帝的国度，你是没有国家观念的一盘散沙，一群不知什么是爱的天阉（因此也不知什么是恨），你没有同情，也没有真理观念。然而你有一点鬼聪明，你的繁殖力很大。因为聪明所以会鼠窃狗偷——营私舞弊，囤积居奇。因为繁殖力大，所以让你的同类成千成万地裹在清一色的破棉袄里，排成番号，吸完了他们的血，让他们饿死，病死……这是你的风格，你的仁义道德！你拿什么和人家比！

没有宗教的形式不要紧。只要有产生宗教的那股永不屈服，永远向上追求的精神，换言之，就是那铁的生命意志，有了这个，任凭你向宗教以外任何方向发展都好，怕的是你这点意志，早被瘪死了，因此除了你那庸俗主义的儒家哲学以外，不但宗教没有，旁的东西也没有。更可怕的是宗教到你手里，也变成了庸俗，虚伪和鼠窃狗偷的工具。怕的是你只存在，而没有生活，因为你的生命的前提是败北主义，和你那典型的口号“没有办法！”于是你只好嘲笑，说俏皮话。是啊，你有聪明，有繁殖力，所以你可以存在，（耗子苍蝇不也存在吗？）但你没有生活，因为我看透了你，你打头就承认了死是事实，那证明了你是怕死的。惟其怕死，所以你也怕生，你这没出息的“四万万五千万”！

（原载于1944年4月23日《生活导报》第65期）

# 时代的鼓手——读田间的诗

闻一多

鼓——这种韵律的乐品，是一切乐器的祖宗，也是一切乐器中之王。音乐不能离韵律而存在，它便也不能离鼓的作用而存在。鼓象征了音乐的生命。

提起鼓，我们便想到了一串形容词：整肃，庄严，雄壮，刚毅和粗暴，急躁，阴郁，深沉……鼓是男性的，原始男性的，它蕴藏着整个原始男性的神秘。它是最原始的乐器，也是最原始的生命情调的喘息。

如果鼓的声律是音乐的生命，鼓的情绪便是生命的音乐。音乐不能离鼓的声律而存在，生命也不能离鼓的情绪而存在。

诗与乐一向是平行发展着的。正如从敲击乐器到管弦乐器是韵律的音乐发展到旋律的音乐，从三四言到五七言也是韵律的诗发展到旋律的诗。音乐也好，诗也好，就声律说，这是进步。可痛惜的是，声律进步的代价是情绪的萎顿。在诗里，一如在音乐里，从此以后以管弦的情绪代替了鼓的情绪，结果都是“靡靡之音”。这感觉的愈趋细致，乃是感情愈趋脆弱的表征，而脆弱感情不也就是生命疲困，甚或衰竭的征兆吗？二千年来古旧的历史，说来太冗长，单说新诗的历史，打头不是没有一阵朴质而健康的鼓的声律与情绪，接着依然是“靡靡之音”的传统，在舶来品的商标的伪装之下，支配了不少的年月。疲困与衰竭的半音，似乎比历史上任何时期都变本加厉了地风行着。那是宿命，是历史发展的必然阶段吗？也许。但谁又叫新生与振奋的时代来得那样突然！箫声，琴声（甚至是无弦琴），自然配合不上流血与流汗的工作。于是忙乱中，新派，旧派，人人都设法拖出一面鼓来，你可以想象一片潮湿而发霉的声响，在那壮烈的场面中，显得如何的滑稽！它给你的印象仍然是疲困与衰竭。它不是激励，而是揶揄，侮蔑这战争。

于是，忽然碰到这样的声响，你便不免吃一惊：

“多一颗粮食，
就多一颗消灭敌人的枪弹！”

听到吗
这是好话哩！

听到吗

我们

要赶快鼓励自己的心

到地里去！

要地里

长出麦子；

要地里

长出小米；

拿这东西

当作

持久战的武器。

（多一些！

多一些！）

多点粮食，

就多点胜利。

——田间：《多一些》

这里没有“弦外之音”，没有“绕梁三日”的余韵，没有半音，没有玩任何“花头”，只是一句句朴质，干脆，真诚的话，（多么有斤两的话！）简短而坚实的句子，就是一声声的“鼓点”，单调，但是响亮而沉重，打入你耳中，打在你心上。你说这不是诗，因为你的耳朵太熟习于“弦外之音”……那一套，你的耳朵太细了。

你看，——
他们的
仇恨的
力，
他们的
仇恨的
血，
他们的
仇恨的
歌，
握在
手里。

握在
手里，
要洒出来……
几十个，
很响地

——在一块；

几十个

达达地

——在一块；

回旋……

狂蹈……

耸起的

筋骨

凸出的

皮肉。

挑负着

——种族的

疯狂

种族的

咆哮！……

——田间：《人民的舞》

这里便不只鼓的声律，还有鼓的情绪。这是鞍之战中晋解张用他那流着鲜血的手，抢过主帅手中的槌来擂出的鼓声，是祢衡那喷着怒火的“渔阳掺挝”，甚至是，如诗人 Robert Lindsey 在《刚果》中，剧作家 Eugene O’Neil 在《琼斯皇帝》中所描写的，那非洲土人的原始鼓，疯狂，野蛮，爆炸着生命的热与力。

这些都不算成功的诗。（据一位懂诗的朋友说，作者还有较成功的诗，可惜我没见到）但它所成就的那点，却是诗的先决条件——那便是生活欲，积极的，绝对的生活欲。它摆脱了一切诗艺的传统手法，不排解，也不粉饰，不抚慰，也不麻醉，它不是那捧着你在幻想中上升的迷魂音乐。它只是一片沉着的鼓声，鼓舞你爱，鼓动你恨，鼓励你活着，用最高限度的热与力活着，在这大地上。

当这民族历史行程的大拐弯中，我们得一鼓作气来渡过危机，完成大业。这是一个需要鼓手的时代，让我们期待着更多的"时代的鼓手"出现。至于琴师，乃是第二步的需要，而且目前我们有的是绝妙的琴师。

（原载于1943年11月13日《生活导报周年纪念文集》）

# 两法师

叶圣陶

在到功德林去会见弘一法师的路上，怀着似乎从来不曾有过的洁净的心情；也可以说带着渴望，不过与希冀看一出著名的电影剧等的渴望并不一样。

弘一法师就是李叔同先生，我最初知道他在民国初年。那时上海有一种《太平洋报》，其艺术副刊由李先生主编，我对于副刊所载他的书画篆刻都中意。以后数年，听人说李先生已经出了家，在西湖某寺。游西湖时，在西泠印社石壁上见到李先生的“印藏”。去年子恺先生刊印《子恺漫画》，丏尊先生给它做序文，说起李先生的生活，我才知道得详明些；就从这时起，知道李先生现在称弘一了。

于是不免向子恺先生询问关于弘一法师的种种。承他详细见告。十分感兴趣之余，自然来了见一见的愿望，就向子恺先生说了。“好的，待有机缘，我同你去见他。”子恺先生的声调永远是这样朴素而真挚的。以后遇见子恺先生，他常常告诉我弘一法师的近况；记得有一次给我看弘一法师的来信，中间有“叶居士”云云，我看了很觉惭愧，虽然“居士”不是什么特别的尊称。

前此一星期，饭后去上工，劈面来三辆人力车。最先是个和尚，我并不措意。第二是子恺先生，他惊喜似地向我点头。我也点头，心里就闪电般想起“后面一定是他”。人力车夫跑得很快，第三辆一霎经过时，我见坐着的果然是个和尚，清癯的脸，颔下有稀疏的长髯。我的感情有点激动，“他来了！”这样想着，屡屡回头望那越去越远的车篷的后影。

第二天，就接到子恺先生的信，约我星期日到功德林去会见。

是深深尝了世间味，探了艺术之宫的，却回过来过那种通常以为枯寂的持律念佛的生活，他的态度该是怎样，他的言论该是怎样，实在难以悬揣。因此，在带着渴望的似乎从来不曾有过的洁净的心情里，还掺着些惝恍的成分。

走上功德林的扶梯，被侍者导引进那房间时，近十位先到的恬静地起立相迎。靠窗的左角，正是光线最明亮的地方，站着那位弘一法师，带笑的容颜，细小的眼眸子放出晶莹的光。丏尊先生给我介绍之后，叫我坐在弘一法师的侧边。弘一法师坐下来之后，就悠然数着手里的念珠。我想一颗念珠一声“阿弥陀佛”吧。本来没有什么话要向他谈，见这样更沉入近乎催眠状态的凝思，言语是全不需要了。可怪的是在座一些人，或是他的旧友，或是他的学生，在这难得的会晤时，似乎该有好些抒情的话与他谈，然而不然，大家也只默然不多开口。未必因僧俗殊途，尘净异致，而有所矜持吧。或许他们以为这样默对一二小时，已胜于十年的晤谈了。

晴秋的午前的时光在恬然的静默中经过，觉得有难言的美。

随后又来了几位客，向弘一法师问几时来的，到什么地方去那些话。他的回答总是一句短语；可是殷勤极了，有如倾诉整个心愿。

因为弘一法师是过午不食的，十一点钟就开始聚餐。我看他那曾经挥洒书画弹奏钢琴的手郑重地夹起一荚豇豆来，欢喜满足地送入口中去咀嚼的那种神情，真惭愧自己平时的乱吞胡咽。

“这碟子是酱油吧？”

以为他要酱油，某君想把酱油碟子移到他前面。

“不，是这个日本的居士要。”

果然，这位日本人道谢了，弘一法师于无形中体会到他的愿欲。

石岑先生爱谈人生问题，著有《人生哲学》，席间他请弘一法师谈些关于人生的意见。

“惭愧，”弘一法师虔敬地回答，“没有研究，不能说什么。”

以学佛的人对于人生问题没有研究，依通常的见解，至少是一句笑话。那么，他有研究而不肯说吗？只看他那殷勤真挚的神情，见得这样想时就是罪过，他的确没有研究。研究云者，自己站在这东西的外面，而去爬剔、分析、检察这东西的意思。像弘一法师，他一心持律，一心念佛，再没有站到外面去的余裕。哪里能有研究呢？

我想问他像他这样的生活，觉得达到了怎样一种境界，或者比较落实一点儿。然而健康的人不自觉健康，哀乐的当时也不能描状哀乐；境界又岂是说得出的。我就把这意思遣开：从侧面看弘一法师的长髯以及眼边细密的皱纹，出神久之。

饭后，他说约定了去见印光法师，谁愿意去可同去。印光法师这个名字知道得很久了，并且见过他的文抄，是现代净土宗的大师，自然也想见一见。同去者计七八人。

决定不坐人力车，弘一法师拔脚就走，我开始惊异他步履的轻捷。他的脚是赤着的，穿一双布缕缠成的行脚鞋。这是独特健康的象征啊，同行的一群人哪里有第二双这样的脚。

惭愧，我这年轻人常常落在他背后。我在他背后这样想：

他的行止笑语，真所谓纯任自然，使人永不能忘。然而在这背后却是极严谨的戒律。丏尊先生告诉我，他曾经叹息中国的律宗有待振起，可见他是持律极严的。他念佛，他过午不食，都为的持律。但持律而到达非由“外铄”的程度，人就只觉得他一切纯任自然了。

似乎他的心非常之安，躁忿全消，到处自得；似乎他以为这世间十分平和，十分宁静，自己处身其间，甚而至于会把它淡忘。这因为他把所谓万象万事划开了一部分，而生活在留着的一部分内之故。这也是一种生活法，宗教家大概采用这种生活法。

他与我们差不多处在不同的两个世界。就如我，没有他的宗教的感情与信念，要过他那样的生活是不可能的。然而我自以为有点儿了解他，而且真诚地敬服他那种纯任自然的风度。哪一种生活法好呢？这是愚笨的无意义的问题。只有自己的生活法好，别的都不行，夸妄的人却常常这么想。友人某君曾说他不曾遇见一个人他愿意把自己的生活与这个人对调的，这是踌躇满志的话。人本来应当如此，否则浮漂浪荡，岂不像没舵之舟。然而某君又说尤其要紧的是同时得承认别人也未必愿意与我对调。这就与夸妄的人不同了；有这么一承认，非但不菲薄别人，并且致相当的尊敬。彼此因观感而潜移默化的事是有的。虽说各有其生活法，究竟不是不可破的坚壁；所谓圣贤者转移了什么什么人就是这么一回事。但是板着面孔专事菲薄别人的人绝不能转移了谁。

到新闸太平寺，有人家借这里办丧事。乐工以为吊客来了，预备吹打起来。及见我们中间有一个和尚，而且问起的也是和尚，才知道误会，说道，“他们都是佛教里的。”

寺役去通报时，弘一法师从包袱里取出一件大袖僧衣来（他平时穿的，袖子与我们的长衫袖子一样），恭而敬之地穿上身，眉宇间异样地静穆。我是欢喜四处看望的，见寺役走进去的沿街的那个房间里，有个躯体硕大的和尚刚洗了脸，背部略微伛着，我想这一定就是了。果然，弘一法师头一个跨进去时，就对这位和尚屈膝拜伏，动作严谨且安详。我心里肃然。有些人以为弘一法师该是和尚里的浪漫派，看见这样可知完全不对。

印光法师的皮肤呈褐色，肌理颇粗，一望而知是北方人；头顶几乎全秃，发光亮；脑额很阔；浓眉底下一双眼睛这时虽不戴眼镜，却用戴了眼镜从眼镜上方射出眼光来的样子看人，嘴唇略微皱瘪，大概六十左右了。弘一法师与印光法师并肩而坐，正是绝好的对比，一个是水样的秀美，飘逸；一个是山样的浑朴，凝重。

弘一法师合掌恳请了，“几位居士都欢喜佛法，有曾经看了禅宗的语录的，今来见法师，请有所开示，慈悲，慈悲。”

对于这“慈悲，慈悲”，感到深长的趣味。“嗯，看了语录。看了什么语录？”印光法师的声音带有神秘味。我想这话里或者就藏着机锋吧。没有人答应。弘一法师就指石岑先生，说这位先生看了语录的。

石岑先生因说也不专看哪几种语录，只曾从某先生研究过法相宗的义理。

这就开了印光法师的话源。他说学佛须要得实益，徒然嘴里说说，做几篇文字，没有道理；他说人眼前最紧要的事情是了生死，生死不了，非常危险；他说某先生只说自己才对，别人念佛就是迷信，真不应该。他说来声色有点儿严厉，间以呵喝。我想这触动他旧有的忿忿了。虽然不很清楚佛家的“我执”“法执”的涵蕴是怎样，恐怕这样就有点儿近似。这使我未能满意。

弘一法师再做第二次恳请，希望于儒说佛法会通之点给我们开示。

印光法师说二者本一致，无非教人父慈子孝兄友弟恭等等。不过儒家说这是人的天职，人若不守天职就没有办法。佛家用因果来说，那就深奥得多。行善就有福，行恶就吃苦。人谁愿意吃苦呢？——他的话语很多，有零星的插话，有应验的故事，从其间可以窥见他的信仰与欢喜。他显然以传道者自任，故遇有机缘不惮尽力宣传；宣传家必有所执持又有所排抵，他自也不免。弘一法师可不同，他似乎春原上一株小树，毫不愧怍地欣欣向荣，却没有凌驾旁的卉木而上之的气概。

在佛徒中，这位老人的地位崇高极了，从他的文抄里，见有许多的信徒恳求他的指示，仿佛他就是往生净土的导引者。这想来由于他有很深的造诣，不过我们不清楚。但或者还有别一个原因。一般信徒觉得那个“佛”太渺远了，虽然一心皈依，总不免感到空虚；而印光法师却是眼睛看得见的，认他就是现世的“佛”，虔敬崇奉，亲接謦欬，这才觉得着实，满足了信仰的欲望。故可以说，印光法师乃是一般信徒用意想来装塑成功的偶像。

弘一法师第三次“慈悲，慈悲”地恳求时，是说这里有讲经义的书，可让居士们“请”几部回去。这个“请”字又有特别的味道。

房间的右角里，装订作坊似的，线装、平装的书堆着不少：不禁想起外间纷纷飞散的那些宣传品。由另一位和尚分派，我分到黄智海演述的《阿弥陀经白话解释》，大圆居士说的《般若波罗蜜多心经口义》，李荣祥编的《印光法师嘉言录》三种。中间《阿弥陀经白话解释》最好，详明之至。

于是弘一法师又屈膝拜伏，辞别。印光法师点着头，从不大敏捷的动作上显露他的老态。待我们都辞别了走出房间，弘一法师伸两手，郑重而轻捷地把两扇门拉上了。随即脱下那件大袖的僧衣，就人家停放在寺门内的包车上，方正平帖地把它摺好包起来。

弘一法师就要回到江湾子恺先生的家里，石岑先生予同先生和我就向他告别。这位带有通常所谓仙气的和尚，将使我永远怀念了。

我们三个在电车站等车，滑稽地使用着“读后感”三个字，互诉对于这两位法师的感念。就是这一点，已足证我们不能为宗教家了，我想。

（作于1927年10月8日，原载于《民铎》第9卷第1号）

# 弘一法师之出家

夏丏尊

今年旧历九月二十日，是弘一法师满六十岁诞辰，佛学书局因为我是他的老友，嘱写些文字以为纪念，我就把他出家的经过加以追叙。他是三十九岁那年夏间披剃的，到现在已整整过了二十一年的僧侣生涯。我这里所述的，也都是二十一年前的旧事。

说起来也许会教大家不相信，弘一法师的出家，可以说和我有关，没有我，也许不至于出家。关于这层，弘一法师自己也承认。有一次，记得是他出家二三年后的事，他要到新城掩关去了，杭州知友们在银洞巷虎跑寺下院替他饯行，有白衣，有僧人。斋后，他在座间指了我向大家道：

"我的出家，大半由于这位夏居士的助缘，此恩永不能忘！"

我听了不禁面红耳赤，惭悚无以自容。因为（一）我当时自己尚无信仰，以为出家是不幸的事情，至少是受苦的事情。弘一法师出家以后即修种种苦行，我见了常不忍。（二）他因我之助缘而出家修行去了，我却竖不起肩膀，仍浮沉在醉生梦死的凡俗之中，所以深深地感到对于他的责任，很是难过。

我和弘一法师相识，是在杭州浙江两级师范学校任教的时候。这个学校有一个特别的地方，不轻易更换教职员。我前后担任了十三年，他担任了七年。在这七年中，我们晨夕一堂，相处得很好。他比我长六岁，当时我们已是三十左右的人，少年名士气息铲除将尽，想在教育上做些实际功夫。我担任舍监职务，兼教修身课，时时感觉对于学生感化力不足。他教的是图画音乐二科，这两种科目，在他未来以前，是学生所忽视的。自他任教以后，就忽然被重视起来，几乎把全校学生的注意力都牵引过去了。课余但闻琴声歌声，假日常见学生出外写生。这原因一半当然是他对于这二科实力充足，一半也由于他的感化力大。只要提起他的名字，全校师生以及工役没有人不起敬的。他的力量，全由诚敬中发出，我只好佩服他，不能学他。举一个实例来说，有一次寄宿舍里学生失少了财物了，大家猜测是某一个学生偷的，检查起来，却没有得到证据。我身为舍监，深觉惭愧苦闷，向他求教。他所指教我的方法，说也怕人，教我自杀！说：

“你肯自杀吗？你若出一张布告，说做贼者速来自首。如三日内无自首者，足见舍监诚信未孚，誓一死以殉教育。果能这样，一定可以感动人，一定会有人来自首。——这话须说得诚实，三日后如没有人自首，真非自杀不可。否则便无效力。”

这话在一般人看来是过分之辞，他说来的时候，却是真心的流露，并无虚伪之意。我自愧不能照行，向他笑谢，他当然也不责备我。我们那时颇有些道学气，俨然以教育者自任，一方面又痛感到自己力量不够。可是所想努力的，还是儒家式的修养，至于宗教方面简直毫不关心的。

有一次，我从一本日本的杂志上见到一篇关于断食的文章，说断食是身心“更新”的修养方法。自古宗教上的伟人，如释迦，如耶稣，都曾断过食。断食能使人除旧换新，改去恶德，生出伟大的精神力量。并且还列举实行的方法及应注意的事项，又介绍了一本专讲断食的参考书。我对于这篇文章很有兴味，便和他谈及，他就好奇地向我要了杂志去看。以后我们也常谈到这事，彼此都有“有机会时最好断食来试试”的话，可是并没有做过具体的决定，至少在我自己是说过就算了。约莫经过了一年，他竟独自去实行断食了。这是他出家前一年阳历年假的事。他有家眷在上海，平日每月回上海二次，年假暑假当然都回上海的。阳历年假只十天，放假以后我也就回家去了，总以为他仍照例回到上海了。假满返校，不见到他，过了两个星期他才回来，据说假期中没有回上海，在虎跑寺断食。我问他：“为什么不告诉我？”他笑说：“你是能说不能行的，并且这事预先教别人知道也不好，旁人大惊小怪起来，容易发生波折。”他的断食共三星期：第一星期逐渐减食至尽，第二星期除水以外完全不食，第三星期起，由粥汤逐渐增加至常量。据说经过很顺利，不但并无痛苦，而且身心反觉轻快，有飘飘欲仙之象。他平日是每日早晨写字的，在断食期间，仍以写字为常课，三星期所写的字，有魏碑，有篆文，有隶书，笔力比平日并不减弱。他说断食时，心比平时灵敏，颇有文思，恐出毛病，终于不敢做文。他断食以后，食量大增，且能吃整块的肉。（平日虽不茹素，不多食肥腻肉类）自己觉得脱胎换骨过了，用老子“能婴儿乎”之意，改名李婴，依然教课，依然替人写字，并没有什么和前不同的情形。据我知道，这时他只看些宋元人的理学书和道家的书类，佛学尚未谈到。

转瞬阴历年假到了，大家又离校。哪知他不回上海，又到虎跑寺去了。因为他在那里住过三星期，喜其地方清静，所以又到那里去过年。他的皈依三宝，可以说由这时候开始的。据说，他自虎跑寺断食回来，曾去访过马一浮先生，说虎跑寺如何清静，僧人招待如何殷勤。阴历新年，马先生有一个朋友彭先生，求马先生介绍一个幽静的寓处，马先生忆起弘一法师前几天曾提起虎跑寺，就把这位彭先生陪送到虎跑寺去住。恰好弘一法师正在那里，经马先生之介绍，就认识了这位彭先生。同住了不多几天，到了正月初八日，彭先生忽然发心出家了，由虎跑寺当家为他剃度。弘一法师目击当时的一切，大大感动。可是还不就想出家，仅皈依三宝，拜老和尚了悟法师为皈依师。演音的名，弘一的号，就是那时取定的。假期满后，仍回到学校里来。

从此以后，他茹素了，有念珠了，看佛经，室中供佛像了。宋元理学书偶然仍看，道家书似已疏远。他对我说明一切经过及未来志愿，说出家有种种难处，以后打算暂以居士资格修行，在虎跑寺寄住，暑假后不再担任教师职务。我当时非常难堪，平素所敬爱的这样的好友将弃我遁入空门去了，不胜寂寞之感。在这七年之中，他想离开杭州一师，有三四次之多。有时是因对于学校当局有不快，有时是因为别处有人来请他。他几次要走，都是经我苦劝而作罢的。甚至于有一时期，南京高师苦苦求他任课，他已接受聘书了，因我恳留他，他不忍拂我之意，于是杭州南京两处跑，一个月中要坐夜车奔波好几次。他的爱我，可谓已超出寻常友谊之外，眼看这样的好友，因信仰的变化要离我而去，而信仰上的事不比寻常名利关系，可以迁就。料想这次恐已无法留得他住，深悔从前不该留他。他若早离开杭州，也许不会遇到这样复杂的因缘的。暑假渐近，我的苦闷也愈加甚。他虽常用佛法好言安慰我，我总熬不住苦闷。有一次，我对他说过这样的一番狂言：

“这样做居士究竟不彻底。索性做了和尚，倒爽快！”

我这话原是愤激之谈，因为心里难过得熬不住了，不觉脱口而出。说出以后，自己也就后悔。他却仍是笑颜对我，毫不介意。

暑假到了。他把一切书籍字画衣服等等，分赠朋友学生及校工们——我所得到的是他历年所写的字，他所有的折扇及金表等——自己带到虎跑寺去的，只是些布衣及几件日常用品。我送他出校门，他不许再送了，约期后会，黯然而别。暑假后，我就想去看他，忽然我父亲病了，到半个月以后才到虎跑寺去。相见时我吃了一惊，他已剃去短须，头皮光光，着起海青，赫然是个和尚了！他笑说：

“昨天受剃度的。日子很好，恰巧是大势至菩萨生日。”

“不是说暂时做居士，在这里住住修行，不出家的吗？”我问。

“这也是你的意思，你说索性做了和尚……”

我无话可说，心中真是感慨万分，他问过我父亲的病况，留我小坐，说要写一幅字叫我带回去，作他出家的纪念。他回进房去写字，半小时后才出来，写的是《楞严大势至念佛圆通章》，且加跋语，详记当时因缘，末有“愿他年同生安养共圆种智”的话。临别时我和他作约，尽力护法，吃素一年。他含笑点头，念一句“阿弥陀佛”。

自从他出家以后，我已不敢再谤毁佛法，可是对于佛法见闻不多，对于他的出家，最初总由俗人的见地，感到一种责任：以为如果我不苦留他在杭州，如果我不提出断食的话头，也许不会有虎跑寺马先生彭先生等因缘，他不会出家。如果最后我不因惜别而发狂言，他即使要出家，也许不会那么快速。我一向为这责任之感所苦，尤其在见到他做苦修行或听到他有疾病的时候。近几年以来，我因他的督励，也常亲近佛典，略识因缘之不可思议，知道像他那样的人，是于过去无量数劫种了善根的。他的出家，他的弘法度生，都是夙愿使然，而且都是稀有的福德，正应代他欢喜，代众生欢喜，觉得以前的对他不安，对他负责任，不但是自寻烦恼，而且是一种僭妄了。

（作于 1939 年）

# 弘一大师的遗书

夏丏尊

丏尊居士文席：

朽人已于九月初四迁化，曾赋二偈，附录于后：“君子之交，其淡如水。执象而求，咫尺千里。问余何适，廓尔亡言。华枝春满，天心月圆。”谨达不宣。

亲启

前所记月日系依农历

又白

十月三十一日星期六上午，依例到开明书店去办事。才坐下，管庶务的余先生笑嘻嘻地交给我一封信，说“弘一法师又有挂号信来了”。师与开明书店向有缘，他给我的信，差不多封封同人公看，遇到有结缘的字寄来，最先得到的也就是开明同人。所以他有信给我，不但我欢喜，大家也欢喜的。

信是相当厚的一封，正信以外还有附件。我抽出一纸来看，读到“朽人已于九月初四日迁化”云云，为之大惊大怪。惊的是噩耗来得突然，本星期一曾接到过他阳历十月一日发的信。告诉我双十节后要闭关著作，不能通信，且附了佛号和去秋九月所摄的照片来，好好地怎么就会“迁化”。怪的是“迁化”的消息怎么会由“迁化”者自己报道。既而我又自己解释，他的圆寂谣言，在报上差不多每年有一次的，“海外东坡”在他是寻常之事。这次也许因为要闭关，怕有人再去扰他，所以自报“迁化”的吧。信上“九”“初四”三字用红笔写，似乎不是他的亲笔，是另外一个人填上去的，算起来农历九月初四恰是双十节后三日，也许就在这日闭关吧。我捧着一张信纸，呆了许久，竟忘了这封信中还有附件。

大概同人见我脸色有异了。有人过来把信封中的附件抽出来看，大叫说“弘一法师圆寂了”。这才提醒了我，急急去看附件，见一张是大开元寺性常法师的信，说弘一老人已于九月初四日下午八时生西，遗书是由他代寄的。还有一张是剪下的泉州当地报纸，其中关于弘一法师的示疾临终经过有详细的长篇记载，连这封遗书也抄登上面。证据摆在眼前，无法再加否认。唉，方外挚友弘一法师真已迁化，这封是来与我诀别的，真是遗书了，不禁万感交迸，为之泫然。

据报上记载：师于旧历八月廿三日感到不适，连日写字，把人家托写的书件了讫；至廿七日已不进食物。廿八日下午还写遗嘱与妙莲法师，以临命终时的事相托；至九月一日上午还替黄居士写纪念册二种，下午又写“悲欣交集”四字与妙莲法师；直到初二才不再执笔；算起来不写字的日子只有初三初四两天。这封遗书似乎是卧病以前早写好在那里的，笔势挺拔，偈语隽美，印章打得位置适当，一切绝不像病中所能做到。前一封信是阳历十月一日发来的，和阴历对照起来，那日是八月廿二，恰好是他感到不适的前一天。信中所说，如“将于双十书后闭关”“以后于尊处亦未能通信”，且特地把一张照片寄赠，谆谆嘱嗣后和诸善知识亲近，从现在看来，已俨然对我做了暗示了。预知时至，这两封信都可作为铁证，不过后一封是取着遗书的形式罢了。

师的要在逝世时写遗书给我，是十多年前早有成约的，当白马湖山房落成之初，他独自住在其中，一切由我招呼。有一天我和他戏谈，问他说：“万一你有不讳，临终咧，入龛咧，荼毗咧，我是全外行，怎么办？”他笑说：“我已写好了一封遗书在这里，到必要时会交给你。如果你在别地，我会嘱你家里发电报叫你回来。你看了遗书，一切照办就是了。”后来他离开白马湖云游四方，那封早已写好的遗书，一定会带在身边，不知今犹在否。猜想起来，其内容当与这次妙莲法师所得到的差不多吧。同是遗书，我未曾得到那封，却得到了这样的一封，足见万事全是个缘。

这封信不但在我个人是一个珍贵的纪念品，在佛教史上也是非常重要的文献，值得郑重保存的。

本文方写好，友人某君以三十年二月澳门觉音社所出《弘一法师六十纪念专刊》见示，在李芳远先生所做送别晚晴老人一文中，有这样一段：去秋赠余偈云，‘问余何适，廓尔亡言。华枝春满，天心月圆。’下署晚晴老人遗偈。”如此则遗书中第二偈是师早已撰就，预备用以作谢世之辞的了。又记。

（作于 1942 年 10 月）

# 怀李叔同先生

丰子恺

距今二十九年前，我十七岁的时候，最初在杭州的浙江省立第一师范学校里见到李叔同先生，即后来的弘一法师。那时我是预科生；他是我们的音乐教师。我们上他的音乐课时，有一种特殊的感觉：严肃。摇过预备铃，我们走向音乐教室，推进门去，先吃一惊：李先生早已端坐在讲台上；以为先生总要迟到而嘴里随便唱着、喊着，或笑着、骂着而推进门去的同学，吃惊更是不小。他们的唱声、喊声、笑声、骂声以门槛为界限而忽然消灭。接着是低着头，红着脸，去端坐在自己的位子里；端坐在自己的位子里偷偷地仰起头来看看，看见李先生的高高的瘦削的上半身穿着整洁的黑布马褂，露出在讲桌上，宽广得可以走马的前额，细长的凤眼，隆正的鼻梁，形成威严的表情。扁平而阔的嘴唇两端常有深涡，显示和蔼的表情。这副相貌，用"温而厉"三个字来描写，大概差不多了。讲桌上放着点名簿、讲义，以及他的教课笔记簿、粉笔。钢琴衣解开着，琴盖开着，谱表摆着，琴头上又放着一只时表，闪闪的金光直射到我们的眼中。黑板（是上下两块可以推动的）上早已清楚地写好本课内所应写的东西（两块都写好，上块盖着下块，用下块时把上块推开）。在这样布置的讲台上，李先生端坐着。坐到上课铃响后（后来我们知道他这脾气，上音乐课必早到。故上课铃响时，同学早已到齐），他站起身来，深深地一鞠躬，课就开始了。这样地上课，空气严肃得很。

有一个人上音乐课时不唱歌而看别的书，有一个人上音乐时吐痰在地板上，以为李先生看不见的，其实他都知道。但他不立刻责备，等到下课后，他用很轻而严肃的声音郑重地说："某某等一等出去。"于是这位某某同学只得站着。等到别的同学都出去了，他又用轻而严肃的声音向这某某同学和气地说："下次上课时不要看别的书。"或者："下次痰不要吐在地板上。"说过之后他微微一鞠躬，表示"你出去罢"。出来的人大都脸上发红。又有一次下音乐课，最后出去的人无心把门一拉，碰得太重，发出很大的声音。他走了数十步之后，李先生走出门来，满面和气地叫他转来。等他到了，李先生又叫他进教室来。进了教室，李先生用很轻而严肃的声音向他和气地说："下次走出教室，轻轻地关门。"就对他一鞠躬，送他出门，自己轻轻地把门关了。最不易忘却的，是有一次上弹琴课的时候。我们是师范生，每人都要学弹琴，全校有五六十架风琴及两架钢琴。风琴每室两架，给学生练习用；钢琴一架放在唱歌教室里，一架放在弹琴教室里。上弹琴课时，十数人为一组，环立在琴旁，看李先生范奏。有一次正在范奏的时候，有一个同学放一个屁，没有声音，却是很臭。钢琴及李先生十数同学全部沉浸在亚莫尼亚气体中。同学大都掩鼻或发出讨厌的声音。李先生眉头一皱，管自弹琴（我想他一定屏息着）。弹到后来，亚莫尼亚气散光了，他的眉头方才舒展。教完以后，下课铃响了。李先生立起来一鞠躬，表示散课。散课以后，同学还未出门，李先生又郑重地宣告："大家等一等去，还有一句话。"大家又肃立了。李先生又用很轻而严肃的声音和气地说："以后放屁，到门外去，不要放在室内。"接着又一鞠躬，表示叫我们出去。同学都忍着笑，一出门来，大家快跑，跑到远处去大笑一顿。

李先生用这样的态度来教我们音乐，因此我们上音乐课时，觉得比上其他一切课更严肃。同时对于音乐教师李叔同先生，比对其他教师更敬仰。那时的学校，首重的是所谓"英、国、算"即英文、国文和算学。在别的学校里，这三门功课的教师最有权威，而在我们这师范学校里，音乐教师最有权威，因为他是李叔同先生的缘故。

李叔同先生为什么能有这种权威呢？不仅为了他学问好，不仅为了他音乐好，主要的还是为了他态度认真。李先生一生的最大特点是"认真"。他对于一件事，不做则已，要做就非做得彻底不可。

他出身于富裕之家，他的父亲是天津有名的银行家。他是第五位姨太太所生。他父亲生他时，年已七十二岁。他坠地后就遭父丧，又逢家庭之变，青年时就陪了他的生母南迁上海。在上海南洋公学读书奉母时，他是一个翩翩公子。当时上海文坛有著名的沪学会，李先生应沪学会征文，名字屡列第一。从此他就为沪上名人所器重，而交游日广，终以“才子”驰名于当时的上海。所以后来他母亲死了，他赴日本留学的时候，作一首《金缕曲》，词曰：“披发佯狂走。莽中原，暮鸦啼彻，几株衰柳。破碎河山谁收拾？零落西风依旧。便惹得离人消瘦。行矣临流重太息，说相思，刻骨双红豆。愁黯黯，浓于酒。漾情不断淞波溜。恨年年絮飘萍泊，遮难回首。二十文章惊海内，毕竟空谈何有！听匣底苍龙狂吼。长夜西风眠不得，度群生那惜心肝剖。是祖国，忍孤负？”读这首词，可想见他当时豪气满胸，爱国热情炽盛。他出家时把过去的照片统统送我，我曾在照片中看见过当时在上海的他：丝绒碗帽，正中缀一方白玉，曲襟背心，花缎袍子，后面挂着胖辫子，底下缎带扎脚管，双梁厚底鞋子，头抬得很高，英俊之气，流露于眉目间。真是当时上海一等的翩翩公子。这是最初表示他的特性，凡事认真。他立意要做翩翩公子，就彻底地做一个翩翩公子。

后来他到日本，看见明治维新的文化，就渴慕西洋文明。他立刻放弃了翩翩公子的态度，改做一个留学生。他入东京美术学校，同时又入音乐学校。这些学校都是模仿西洋的，所教的都是西洋画和西洋音乐。李先生在南洋公学时英文学得很好；到了日本，就买了许多西洋文学书。他出家时曾送我一部残缺的原本《莎士比亚全集》，他对我说：“这书我从前细读过，有许多笔记在上面，虽然不全，也是纪念物。”由此可想见他在日本时，对于西洋艺术全面进攻，绘画、音乐、文学、戏剧都研究。后来他在日本创办春柳剧社，纠集留学同志，共演当时西洋著名的悲剧《茶花女》(小仲马著)。他自己把腰束小，扮作茶花女，粉墨登场。这照片，他出家时也送给我，一向归我保藏；直到抗日战争时为兵火所毁。现在我还记得这照片：鬈发，白的上衣；白的长裙拖着地面，腰身小到一把，两手举起托着后头，头向右歪侧，眉峰紧蹙，眼波斜睇，正是茶花女自伤命薄的神情。另外还有许多演剧的照片，不可胜记。这春柳剧社后来迁回中国，李先生就脱出，由另一班人去办，便是中国最初的“话剧”社。由此可以想见，李先生在日本时，是彻头彻尾的一个留学生。我见过他当时的照片：高帽子、硬领、硬袖、燕尾服、史的克(英文 stick 的音译，手杖，俗称文明棍。)、尖头皮鞋，加之长身、高鼻、没有脚的眼镜夹在鼻梁上，竟活像一个西洋人。这是第二次表示他的特性：凡事认真。学一样，像一样。要做留学生，就彻底地做一个留学生。

他回国后，在上海太平洋报社当编辑。不久，就被南京高等师范请去教图画、音乐。后来又应杭州师范之聘，同时兼任两个学校的课，每月中半个月住南京，半个月住杭州。两校都请助教，他不在时由助教代课。我就是杭州师范的学生。这时候，李先生已由留学生变为“教师”，这一变，变得真彻底：漂亮的洋装不穿了，却换上灰色粗布袍子、黑布马褂、布底鞋子。金丝边眼镜也换了黑的钢丝边眼镜。他是一个修养很深的美术家，所以对于仪表很讲究。虽然布衣，却很称身，常常整洁。他穿布衣，全无穷相，而另具一种朴素的美。你可想见，他是扮过茶花女的，身材生得非常窈窕。穿了布衣，仍是一个美男子。“淡妆浓抹总相宜”，这诗句原是描写西子的，但拿来形容我们的李先生的仪表，也很适用。今人侈谈“生活艺术化”，大都好奇立异，非艺术的。李先生的服装，才真可称为生活的艺术化。他一时代的服装，表现着一时代的思想与生活。各时代的思想与生活判然不同，各时代的服装也判然不同。布衣布鞋的李先生，与洋装时代的李先生、曲襟背心时代的李先生，判若三人。这是第三次表示他的特性：认真。

我二年级时，图画归李先生教。他教我们木炭石膏模型写生。同学一向描惯临画，起初无从着手。四十余人中，竟没有一个人描得像样的。后来他范画给我们看。画毕把范画揭在黑板上。同学们大都看着黑板临摹。只有我和少数同学，依他的方法从石膏模型写生。我对于写生，从这时候开始发生兴味。我到此时，恍然大悟：那些粉本原是别人看了实物而写生出来的；我们也应该直接从实物写生入手，何必临摹他人依样画葫芦呢？于是我的画进步起来。此后李先生与我接近的机会更多。因为我常去请他教画；又教日本文。以后的李先生的生活，我所知道得较为详细。他本来常读性理的书，后来忽然信了道教，案头常常放着道藏。那时我还是一个毛头青年，谈不到宗教。李先生除绘事外，并不对我谈道。但我发现他的生活日渐收敛起来，仿佛一个人就要动身赴远方时的模样。他常把自己不用的东西送给我。他的朋友日本画家大野隆德、河合新藏、三宅克己等到西湖来写生时，他带了我去请他们吃一次饭；以后就把这些日本人交给我，叫我引导他们（我当时已能讲普通应酬的日本话）。他自己就关起房门来研究道学。有一天，他决定入大慈山去断食，我有课事，不能陪去；由校工闻玉陪去。数月之后，我去望他。见他躺在床上，面容消瘦，但精神很好，对我讲话，同平时差不多。他断食共十七日，由闻玉扶起来，摄一个影，影片上端由闻玉题字："李息翁先生断食后之像，侍子闻玉题。"这照片后来制成明信片分送朋友。像的下面用铅字排印着："某年月日，入大慈山断食十七日，身心灵化，欢乐康强——欣欣道人记。"李先生这时候已由"教师"一变而为"道人"了。学道就断食十七日，也是他凡事"认真"的表示。

但他学道的时候很短。断食以后，不久他就学佛。他自己对我说，他的学佛是受马一浮先生指示的。出家前数日，他同我到西湖玉泉去看一位程中和先生。这程先生原来是当军人的，现在退伍，住在玉泉，正想出家为僧。李先生同他谈得很久。此后不久，我陪大野隆德到玉泉去投宿，看见一个和尚坐着，正是这位程先生。我想称他“程先生”，觉得不合；想称他法师又不知道他的法名（后来知道是弘伞）。一时周章得很。我回去对李先生讲了，李先生告诉我，他不久也要出家为僧，就做弘伞的师弟。我愕然不知所对。过了几天，他果然辞职，要去出家。出家的前晚，他叫我和同学叶天瑞、李增庸三人到他的房间里，把房间里所有的东西送给我们三人。第二天，我们三人送他到虎跑，我们回来分得了他的“遗产”，再去望他时，他已光着头皮，穿着僧衣，俨然一位清癯的法师了。我从此改口，称他为“法师”。法师的僧腊二十四年。这二十四年中，我颠沛流离，他一贯到底，而且修行功愈进愈深。当初修净土宗，后来又修律宗。律宗是讲究戒律的，一举一动，都有规律，严肃认真之极，这是佛门中最难修的一宗。数百年来，传统断绝，直到弘一法师方才复兴，所以佛门中称他为“重兴南山律宗第十一代祖师”。他的生活非常认真。举一例说：有一次我寄一卷宣纸去，请弘一法师写佛号。宣纸多了些，他就来信问我，余多的宣纸如何处置？又有一次，我寄回件邮票去，多了几分。他把多的几分寄还我。以后我寄纸或邮票，就预先声明：余多的送与法师。有一次他到我家。我请他藤椅子里坐。他把藤椅子轻轻摇动，然后慢慢地坐下去。起先我不敢问。后来看他每次都如此，我就启问。法师回答我说：“这椅子里头，两根藤之间，也许有小虫伏着。突然坐下去，要把它们压死，所以先摇动一下，慢慢地坐下去，好让它们走避。”读者听到这话，也许要笑。但这正是做人极度认真的表示。

如上所述，弘一法师由翩翩公子一变而为留学生，又变而为教师，三变而为道人，四变而为和尚。每做一种人，都做得十分像样，好比全能的优伶：起青衣像个青衣，起老生像个老生，起大面又像个大面……都是“认真”的缘故。

现在弘一法师在福建泉州圆寂了。噩耗传到贵州遵义的时候，我正在束装，将迁居重庆。我发愿到重庆后替法师画像一百帧，分送各地信善，刻石供养。现在画像已经如愿了。我和李先生在世间的师弟尘缘已经结束，然而他的遗训——认真——永远铭刻在我心头。

（一九四三年四月，弘一法师圆寂后一百六十七日，作于四川五通桥客寓）

# 给我的孩子们

丰子恺

我的孩子们！我憧憬于你们的生活，每天不止一次！我想委曲地说出来，使你们自己晓得。可惜到你们懂得我的话的意思的时候，你们将不复是可以使我憧憬的人了。这是何等可悲哀的事啊！

瞻瞻！你尤其可佩服。你是身心全部公开的真人。你甚么事体都像拼命地用全副精力去对付。小小的失意，像花生米翻落地了，自己嚼了舌头了，小猫不肯吃糕了，你都要哭得嘴唇翻白，昏去一两分钟。外婆普陀去烧香买回来给你的泥人，你何等鞠躬尽瘁地抱他，喂他；有一天你自己失手把他打破了，你的号哭的悲哀，比大人们的破产，broken-heart（极度伤心——编者注），丧考妣，全军覆没的悲哀都要真切。两把芭蕉扇做的脚踏车，麻雀牌堆成的火车，汽车，你何等认真地看待，挺直了嗓子叫“汪——，”“咕咕咕……”，来代替汽笛。宝姊姊讲故事给你听，说到“月亮姊姊挂下一只篮来，宝姊姊坐在篮里吊了上去，瞻瞻在下面看”的时候，你何等激昂地同她争，说“瞻瞻要上去，宝姊姊在下面看！”甚至哭到漫姑面前去求审判。我每次剃了头，你真心地疑我变了和尚，好几时不要我抱。最是今年夏天，你坐在我膝上发见了我腋下的长毛，当作黄鼠狼的时候，你何等地伤心，你立刻从我身上爬下去，起初眼瞪瞪地对我端相，继而大失所望地号哭，看看，哭哭，如同对被判定了死罪的亲友一样。你要我抱你到车站里去，多多益善地要买香蕉，满满地擒了两手回来，回到门口时你已经熟睡在我的肩上，手里的香蕉不知落在哪里去了。这是何等可佩服的真率，自然与热情！大人间的所谓“沉默”“含蓄”“深刻”的美德，比起你来，全是不自然的，病的，伪的！

你们每天做火车，做汽车，办酒，请菩萨，堆六面画，唱歌，全是自动的，创造创作的生活。大人们的呼号“归自然！”“生活的艺术化！”“劳动的艺术化！”在你们面前真是出丑得很了！依样画几笔画，写几篇文的人称为艺术家，创作家，对你们更要愧死！

你们的创作力，比大人真是强盛得多哩：瞻瞻！你的身体不及椅子的一半，却常常要般动它，与它一同翻倒在地上；你又要把一杯茶横转来藏在抽斗里，要皮球停在壁上，要拉住火车的尾巴，要月亮出来，要天停止下雨。在这等小小的事件中，明明表示着你们的弱小的体力与智力不足以应付强盛的创作欲、表现欲的驱使，因而遭逢失败。然而你们是不受大自然的支配，不受人类社会的束缚的创造者，所以你的遭逢失败，例如火车尾巴拉不住，月亮呼不出来的时候，你们绝不承认是事实的不可能，总以为是爹爹妈妈不肯帮你们办到，同不许你们弄自鸣钟同例，所以愤愤地哭了，你们的世界何等广大！

你们一定想：终天无聊地伏在案上弄笔的爸爸，终天闷闷地坐在窗下弄引线的妈妈，是何等无气性的奇怪的动物！你们所视为奇怪动物的我与你们的母亲，有时确实难为了你们，摧残了你们，回想起来，真是不安心得很！

阿宝！有一晚你拿软软的新鞋子，和自己脚上脱下来的鞋子，给凳子的脚穿了，刬袜立在地上，得意地叫“阿宝两只脚，凳子四只脚”的时候，你母亲喊着“龌龊了袜子！”立刻擒你到藤榻上，动手毁坏你的创作。当你蹲在榻上注视你母亲动手毁坏的时候，你的小心里一定感到“母亲这种人，何等杀风景而野蛮”罢！

瞻瞻！有一天开明书店送了几册新出版的毛边的《音乐入门》来。我用小刀把书页一张一张地裁开来，你侧着头，站在桌边默默地看。后来我从学校回来，你已经在我的书架上拿了一本连史纸印的中国装的《楚辞》，把它裁破了十几页，得意地对我说：“爸爸！瞻瞻也会裁了！”瞻瞻！这在你原是何等成功的欢喜，何等得意的作品！却被我一个惊骇的“哼！”字喊得你哭了。那时候你也一定抱怨“爸爸何等不明”罢！

软软！你常常要弄我的长锋羊毫，我看见了总是无情地夺脱你。现在你一定轻视我，想道："你终于要我画你的画集的封面！"

最不安心的，是有时我还要拉一个你们所最怕的陆露沙医生来，教他用他的大手来摸你们的肚子，甚至用刀来在你们臂上割几下，还要教妈妈和漫姑擒住了你们的手脚，捏住了你们的鼻子，把很苦的水灌到你们的嘴里去。这在你们一定认为是太无人道的野蛮举动罢！

孩子们！你们果真抱怨我，我倒欢喜；到你们的抱怨变为感激的时候，我的悲哀来了！

我在世间，永没有逢到像你们这样出肺肝相示的人。世间的人群结合，永没有像你们样的彻底地真实而纯洁。最是我到上海去干了无聊的所谓"事"回来，或者去同不相干的人们做了叫做"上课"的一种把戏回来，你们在门口或车站旁等我的时候，我心中何等惭愧又欢喜！惭愧我为甚么去做这等无聊的事，欢喜我又得暂时放怀一切地加入你们的真生活的团体。

但是，你们的黄金时代有限，现实终于要暴露的。这是我经验过来的情形，也是大人们谁也经验过的情形。我眼看见儿时的伴侣中的英雄、好汉，一个个退缩、顺从、妥协、屈服起来，到像绵羊的地步。我自己也是如此。"后之视今，亦犹今之视昔"，你们不久也要走这条路呢！

我的孩子们！憧憬于你们的生活的我，痴心要为你们永远挽留这黄金时代在这册子里。 然这真不过像"蜘蛛网落花"，略微保留一点春的痕迹而已。且到你们懂得我这片心情的时候，你们早已不是这样的人，我的画在世间已无可印证了！这是何等可悲哀的事啊！

（《子恺画集》代序，一九二六年耶诞节作，原载1926年《文学周报》4卷6期）

# 论风流

冯友兰

风流是一种所谓的人格美，凡美都涵有主观的成分。这就是说，美涵有人的赏识，正如颜色涵有人的感觉。离开人的赏识，不能有美，正如离开人的感觉，不能有颜色。此所谓不能，也不是事实的不能，而是理的不能。人所不能赏识的美是一个自相矛盾的名词，人所不能感觉的颜色，亦是一个自相矛盾的名词。

说一性质有主观的成分，并不是说它没有一定的标准。可以随人的意见而变动，例如说方之性质，没有主观的成分。红之性质有主观的成分，但甚么是方有一定的标准，甚么是红也有一定的标准。血是红的，不是色盲的人，看见血都说是红。美也是如此，美虽有主观成分，但是美也有一定的标准。如其不然，则既不能有所谓美人，亦不能有艺术作品。不过我们也承认，也许有一小部分人本来没有分别某种颜色的能力。对于这些人就没有某种颜色。这些人我们名之为色盲。有色盲，也有美盲。

不过没有主观成分的性质的内容，是可以言语传达的。有主观成分的性质的内容，是不可以言语传达的。我可以言语告诉人甚么是真，甚么是善，但不能告诉人甚么是美。我可以说，一个命题与事实相合，即是真。一个行为与社会有利即是善。但我不能说，一个事物有甚么性质是美。或者我们可以说，凡能使人有某种快感的性质是美。但是那一种快感是甚么，亦是不能说的。我只能指着一个美的事物，说这就是美。但如我所告诉的人，是个美盲，我没有方法叫他知道甚么是美。此正如我可以言语告诉人甚么是方，但不能告诉人甚么是红。我只能指着一个红的东西说，这就是红。但如果我所告诉的人是个色盲，我没有法子叫他知道甚么是红。

美学所讲的是构成美的一部分的条件，但是对美盲的人，美学也是白讲，因为他即研究美学，他还不能知甚么是美。正如色盲的人，即研究了物理学，知道某种长度的光波是构成红的条件，但他还不知甚么是红。

风流是一种美，所以甚么是可以称为风流性质的内容，也是不能用言语传达的。我们可以讲的，也只是构成风流的一部分的条件。已经知道甚么是风流的人，经此一讲，或者可以对于风流之美，有更清楚的认识。不知道什么是风流的人，经此一讲，或者心中更加糊涂，也未可知。

先要说的是：普通以为风流必与男女有关，尤其是必与男女间随便的关系有关，这以为是错误的。我们以下“论风流”所举的例，大都取自《世说新语》。这部书可以说是中国的风流宝鉴，但其中很少说到男女关系。当然，说男女有关的事是风流，也是风流这个名词的一种用法。但我们所谓风流，不是这个名词的这一种用法的所谓风流。

《世说新语》常说名士风流，我们可以说风流是名士的主要表现。是名士，必风流。所谓“是真名士自风流”。不过冒充名士的人，无时无地无之，在晋朝也是不少。《世说新语》说：“王孝伯言，名士不必须奇才，但使常得无事，痛饮酒，熟读《离骚》，便可称名士。”（《任诞》）这话是对于当时的假名士说的。假名士只求常得无事，只能痛饮酒，熟读《离骚》。他的风流，也只是假风流，嵇康阮籍等真名士的真风流，若分析其构成的条件，不是如此简单。我们于以下就四点说真风流的构成条件。

就第一点说，真名士真风流的人，必有玄心。《世说新语》云：“阮浑长成，风气韵度似父，亦欲作达。步兵曰：‘仲容已预之，卿不得复尔。’”刘孝标注云：“《竹林七贤论》曰：‘籍之抑浑，盖以浑未识已之所以为达也。’是时竹林诸贤之风虽高，而礼教尚峻。迨元康中，遂至放荡越礼。乐广讥之曰：‘名教中自有乐地，何至于此？’乐令之言，有旨哉。谓彼非有玄心，徒利其纵恣而已。”“作达”大概是当时的一个通行名词，达而要作，便不是真达，真风流的人必是真达人，作达的人必不是真风流的人。真风流的人有其所以为达，其所以为达就是其有玄心。玄心可以说是超越感，晋人常说超越，《世说新语》说：“郭景纯诗云：‘林无静树，川无停流。’阮孚云：‘泓峥萧瑟，实不可言。’每读此文，辄觉神超形越。”超越是超过自我；超过自我，则可以无我；真风流的人必须无我，无我则个人的祸福成败，以及死生，都不足以介其意。《世说新语》说：“郗太傅（鉴）在京口，遣门生与王丞相书求女婿。丞相语郗信：‘君往东厢，任意选之。’门生归白郗曰：‘王家诸郎，亦皆可嘉，闻来觅婿，或自矜持。惟有一郎，在东床上，坦腹卧，如不闻。’郗公云：‘正此好。’访之，乃是逸少，因嫁女与焉。”（《雅量》）又说：“庾小征西（翼）尝出未还。妇母阮是刘万安妻，与女上安陵城楼上。俄顷，翼归。策良马，盛舆卫。阮语女：‘闻庾郎能骑，我何由得见？’妇告翼，翼便为于道开卤簿盘马，始两转，坠马堕地，意色自若。”（《雅量》）王羲之闻贵府择婿而如不闻；庾翼于广众中，在妻及岳母前表演马术，坠马而意色自若，这都是能不以成败祸福介意的。不过王羲之及庾翼所遇见的，还可以说是小事；谢安遇见大事，亦是如此。《世说新语》说：“谢公与人围棋，俄而谢玄淮上信至。看书竟，默然无言徐向局。客问淮上利害。答曰：‘小儿辈大破贼。’意色举止，不异于常。”（《雅量》）能如此，正是所谓达，不过如此的达，并不是可以“作”的。

就第二点说，真风流的人，必须有洞见。所谓洞见，就是不借推理，专凭直觉，而得来的对于真理的知识。洞见亦简称为“见”。此“见”不是凭借推理得来的，所以表示“见”的言语，亦不须长篇大论，只须几句话或几个字表示之。此几句话或几个字即所谓名言隽语。名言隽语，是风流的人的言语。《世说新语》说："阮宣子（修）有令闻。太尉王夷甫见而问曰：'老庄与圣教同异？'对曰：'将无同。'太尉善其言。辟之为椽。世谓'三语椽'。"(《文学》)《世说新语》亦常说晋人的清谈，有长至数百言数千言，乃至万余言者。例如："支道林、许、谢盛德，共集王家。（许询，谢安，王濛）谢顾谓诸人：'今日可谓彦会。时既不可留，此集固亦难常。当共言咏，以写其怀。'许便问主人：'有庄子不？'正得《渔父》一篇。谢看题，便各使四座通。支道林先通，作七百许语，叙致精丽，才藻奇拔，众咸称善。于是四座各言怀毕，谢问曰：'卿等尽不？'皆曰：'今日之言，少不自竭。'谢后粗难，因自叙其意，作万余言，才峰秀逸，既自难干，加意气拟托，萧然自得，四座莫不厌心。"(《文学》) 支道林谢安等的长篇大论，今既不传，是不惋惜的。但何以不传？大概因为长篇大论，不如名言隽语之为当时人所重视。《世说新语》谓："客问乐令（乐广）旨不至者，乐亦不复剖析文句，直以麈尾柄确几曰：'至不？'客曰：'至。'乐又举麈尾曰：'若至者，那得去？'于是客乃悟服。乐辞约而旨达。皆此类。"(《文学》) 又说张凭见刘真长，"顷之，长史诸贤来清言。客主有不通处，张乃遥于末座判之。言约旨远，足畅彼我之怀。"(《文学》)"言约旨远"，或"词约旨远"，是当时人所注重的。真风流的人的言语，要"不著一字，尽得风流"。真风流的人谈话，要"谈言微中""相视而笑，莫逆于心"。若须长篇大论，以说一意，虽"文藻奇拔”，但不十分合乎风流的标准，所以不如“言约旨远”的话之为人所重视。

就第三点说，真风流的人，必须有妙赏。所谓妙赏，就是对于美的深切的感觉。《世说新语》中的名士，有些行为，初看似乎是很奇怪；但从妙赏的观点，这些行为，亦是可以了解的。如《世说新语》说：“王子猷（徽之）出都，尚在渚下，旧闻桓子野（伊）善吹笛，而不相识。遇桓于岸上过，王在船中，客有识之者，云是桓子野。王便令人与相闻，云：‘闻君善吹笛，试为我一奏。’桓时已贵显，素闻王名，即便回下车，踞胡床，为作三调。弄毕，便上车去。客主不交一言。”（《任诞》）王徽之与桓伊都可以说是为艺术而艺术，他们的目的在于艺术并不在于人。为艺术的目的既已达到，所以两个人亦无须交言。

《世说新语》又说：“钟士季精有才理，先不识嵇康。钟要于时贤隽之士，俱往寻康。康方大树下锻，向子期为佐鼓排。康扬槌不辍，傍若无人，移时不交一言。钟起去，康曰：‘何所闻而来？何所见而去？’钟曰：‘闻所闻而来，见所见而去。’”（《简傲》）晋人本都是以风神气度相尚。钟会嵇康既已相见，如奇松遇见怪石，你不能希望奇松怪石会相说话。钟会见所见而去，他已竟见其所见，也就是此行不虚了。刘孝标注引《魏氏春秋》说：钟会因嵇康不为礼，“深衔之，后因吕安事，而遂谮康焉。”如果如此，钟会真是够不上风流。

《世说新语》说：“阮公邻家妇有美色，当垆酤酒，阮与王安丰常从妇饮酒。阮醉，便眠其妇侧。夫始殊疑之，伺察终无他意。”（《任诞》）又说：“山公（涛）与嵇阮一面，契若金兰。山妻韩氏，觉公与二人异于常交，问公。公曰：‘我当年可以为友者，唯此二生耳。’妻曰：‘负羁之妻，亦亲观狐赵，意与窥之，可乎？’他日二人来，妻劝公止之宿，具酒肉，夜穿墉以窥之，达旦忘返。公入曰：‘二人何如？’妻曰：‘君才致殊不如，正当以识度相友耳。’公曰：‘伊辈亦常以我度为胜。’”（《贤媛》）阮籍与韩氏的行为，与所谓好色而不淫又是不同。因为好色尚包含有男女关系的意识，而阮籍与韩氏直是专从审美的眼光以看邻妇及嵇阮。所以他们虽处嫌疑，而能使邻妇之夫及山涛，不疑其有他。

《世说新语》又云：“谢太傅问诸子侄：‘子弟亦何预人事，而正欲使其佳？’车骑（谢玄）对曰：‘譬如芝兰玉树，欲使其生于阶庭耳？’”（《言语》）子弟欲其佳，并不是欲望其能使家门富贵，只是如芝兰玉树，人自愿其生于阶庭。此亦是专从审美的眼光以看佳子弟。

《世说新语》又说：“支道林常养数匹马。或言：‘道人畜马不韵。’支曰：‘贫道重其神骏。’”（《言语》）他养马并不一定是要骑。他只是从审美的眼光，爱其神骏。

就第四点说，真风流的人，必有深情。《世说新语》说：“卫洗马初欲渡江，形神惨悴，语左右云：‘见此芒芒，不觉百端交集。苟未免有情，亦复谁能遣此！’”（《言语》）又说：“桓公北征，经金城，见前为琅邪时种柳，皆已十围。慨然曰：‘木犹如此，人何以堪。’攀枝执条，泫然流泪。”（《言语》）又说：“王长史（廞）登茅山，大痛哭曰：‘琅琊王伯舆终当为情死。’”（《任诞》）桓温说：“木犹如此，人何以堪。”八个字表示出人对于人生无常的情感。后来庾信《枯树赋》云：“桓大司马曰：‘昔年种柳，依依汉南。今逢摇落，凄怆江潭。树犹如此，人何以堪。’”虽然只有二十四个字，但是主要的还只是“树犹如此，人何以堪”八个字。

桓温看见他所栽的树，有对于人生无常的情感，卫玠看见长江，“见此芒芒，不觉百端交集”，他大概也是有对于无常的情感。不过他所感到的无常，不是人生的无常，而是一切事物的无常。后来陈子昂《登幽州台》诗：“前不见古人，后不见来者。念天地之悠悠，独怆然而涕下。”这都是所谓“一往情深”。“一往情深”也是《世说新语》中的话。《世说新语》谓：“桓子野每闻清歌，辄唤奈何。谢公闻之曰：‘子野可谓一往有深情。’”桓子野唤奈何，因为有一种情感，叫他受不了。这就是王廞所以痛哭的原因。他将终为情死，就是他也是受不了。这是对于人生有情的情感。

真正风流的人有深情。但因其亦有玄心，能超越自我，所以他虽有情而无我，所以其情都是对于宇宙人生的情感。不是为他自己叹老嗟卑。桓温说：“木犹如此，人何以堪？”他是说“人何以堪”，不是说“我何以堪？”假使他说“木犹如此，我何以堪”，他的话的意义风味就大减，而他也就不够风流。王廞说，王伯舆终当为情死。他说到他自己。但是他此话与桓温卫玠的话，层次不同。桓温卫玠是说他们自己对于宇宙人生的情感。王廞是说他自己对于情感的情感。他所有的情感，也许是对于宇宙人生的情感。所以他说到对于情感的情感时，虽说到他自己，而其话的意义风味，并不减少。

真正风流的人，有情而无我，他的情与万物的情有一种共鸣。他对于万物，都有一种深厚的同情。《世说新语》说："简文入华林园，顾谓左右曰：'会心处不必在远，翳然林水，便自有濠濮间想也，觉鸟兽禽鱼，自来亲人。'"（《言语》）又说："支公好鹤，有人遗其双鹤。少时翅长欲飞，支意惜之，乃铩其翮。鹤轩翥不复能飞，乃反顾翅，垂头视之，如有懊丧意。林曰：'既有凌霄之姿，何肯为人作耳目近玩。'养令翮成，置使飞去。"（《言语》）又说："王子敬（献之）云：'从山阴道上行，山川自相映发，使人应接不暇。若秋冬之际，尤难为怀。'"（《言语》）这都是以他自己的情感，推到万物，而又于万物中，见到他自己的怀抱。支道林自己是有凌霄之姿，不肯为人作耳目近玩。他以此情感推之鹤，而又于鹤见到他自己的怀抱。这些意思是艺术的精义，若简文帝只见"翳然林水"，不觉"鸟兽禽鱼，自来亲人"，王子敬只见"山川映发"，不觉"秋冬之际尤难为怀"，他们所见的只是客观的世界。照《世说新语》所说，他们见到客观的世界，而又有甚深的感触。在此感触中，主观客观，融成一片。表示这种感触，是艺术的极峰。诗中的名句，如"池塘生春草，园柳变鸣禽”“春草无人随意绿”“空梁落燕泥”，皆不说情感而其中自有情感。

主要的情感是哀乐。在以上所举的例中，所说大都是哀的情感。但是有玄心的人，若再有进一步的超越，他也就没有哀了。一个人若拘于“我”的观点，他个人的祝福成败，能使他有哀乐。超越自我的人，站在一较高的观点，以看“我”，则个人的祝福成败，不能使他有哀乐。但人生的及事物的无常，使他有更深切的哀。他若从一更高的观点从天或道的观点，以看人生事物，则对于人生事物的无常，也就没有哀了。没有哀乐，谓之忘情。《世说新语》说：“王戎丧儿万子，山简往省之。王悲不自胜。简曰：‘孩抱中物，何至于此？’王曰：‘圣人忘情，最下不及情，情之所钟，正在我辈。’简服其言，更为之痛。”（《伤逝》）能忘情与不能忘情，是晋人所常说的一个分别。《世说新语》云：“张玄之顾敷是顾和中外孙，皆少而聪慧，和并知之，而常谓顾胜，亲重偏至，张颇不恹。于时张年九岁，顾年七岁。和与俱至寺中。见佛般涅磐像，弟子有泣者，有不泣者。和以问二孙。去谓：‘被亲故泣，不被亲故不泣。’敷曰：‘不然。当由忘情故不泣，不能忘情故泣。’”（《言语》）能忘情比不能忘情高，这也是晋人所都承认的。

忘情则无哀乐。无哀乐便另有一种乐。此乐不是与哀相对的，而是超乎哀乐的乐。陶潜有这种乐，他的诗：“结庐在人境，而无车马喧。问君何能乐，心远地自偏。采菊东篱下，悠然见南山。山气日夕佳，飞鸟相与还。此中有真意，欲辨已忘言。”这诗所表示的乐，是超乎哀乐的乐。这首诗表示最高的玄心，亦表现最大的风流。

在东晋名士中渊明的境界最高，但他并不狂肆。他并不“作达”。《世说新语》云：“王平子（澄）胡毋彦国（辅之）诸人，皆以任放为达，或有裸体者。乐广笑曰：‘名教中自有乐地，何为乃尔也。’”(《德行》渊明并不任放，他习已于名教中得到乐地了。

宋儒亦是于名教中求乐地。他们教人求孔颜乐处，所乐何事。《论语》曾晳言志：“暮春者，春服既成。冠者五六人，童子六七人，浴乎沂，风乎舞雩，咏而归。”夫子喟然叹曰：“吾与点也。”宋儒说曾子“即其所居之位，乐其日用之常，而胸次悠然，上下与天地同流，有万物各得其所之妙，故夫子叹息而深许之”（朱子注）。不管曾晳的原意如何，照宋儒所讲，这确是一种最高的乐处，亦是最大的风流。

邵康节当时人称为“风流人豪”。他住在他的“安乐窝”里，有一种乐。但是程明道的境界，似乎更在康节之上，其风流亦更高于康节。程明道诗云：“云淡风轻近午天。傍花随柳过前川。时人不识予心乐，将谓偷闲学少年。”又说：“年来无事不从容，睡觉东窗日已红。万物静观皆自得，四时佳兴与人同。道通天地有形外，思入风云变态中。富贵不淫贫贱乐，男儿到此是豪雄。”（《文集》卷一）这种豪雄，真可说是“风流人豪”。康节诗云：“尽快意时仍起舞，到忘言处只讴歌。宾朋莫怪无拘检，真乐攻心不奈何。”（《林下五吟》，《击壤集》卷八）“花谢花开诗屡作，春归春至酒频斟。情多不是强年少，和气冲心何可任。”（《喜春吟》，《击壤集》卷十）攻心而使之无可奈何的乐，大概是与哀相对的乐。与哀相对的不是真乐。康节有点故意表示其乐，这就不够风流。

（原载于1944年《哲学评论》第9卷第3期）

# 我的读书经验

冯友兰

我今年八十七岁了，从七岁上学起就读书，一直读了八十年，其间基本上没有间断，不能说对于读书没有一点经验。我所读的书，大概都是文、史、哲方面的，特别是哲。我的经验总结起来有四点：（1）精其选，（2）解其言，（3）知其意，（4）明其理。

先说第一点。古今中外，积累起来的书真是多极了，真是浩如烟海，但是，书虽多，有永久价值的还是少数。可以把书分为三类，第一类是要精读的，第二类是可以泛读的，第三类是仅供翻阅的。所谓精读，是说要认真地读，扎扎实实地一个字一个字地读。所谓泛读，是说可以粗枝大叶地读，只要知道它大概说的是什么就行了。所谓翻阅，是说不要一个字一个字地读，不要一句话一句话地读，也不要一页一页地读。就像看报纸一样，随手一翻，看看大字标题，觉得有兴趣的地方就大略看看，没有兴趣的地方就随手翻过。听说在中国初有报纸的时候，有些人捧着报纸，就像念五经四书一样，一字一字地高声朗诵。照这个办法，一天的报纸，念一年也念不完。大多数的书，其实就像报纸上的新闻一样，有些可能轰动一时，但是昙花一现，不久就过去了。所以，书虽多，真正值得精读的并不多。下面所说的就指值得精读的书而言。

怎样知道哪些书是值得精读的呢？对于这个问题不必发愁。自古以来，已经有一位最公正的评选家，有许多推荐者向它推荐好书。这个评选家就是时间，这些推荐者就是群众。历来的群众，把他们认为有价值的书，推荐给时间。时间照着他们的推荐，对于那些没有永久价值的书都刷下去了，把那些有永久价值的书流传下来。从古以来流传下来的书，都是经过历来群众的推荐，经过时间的选择，流传了下来。我们看见古代流传下来的书，大部分都是有价值的，我们心里觉得奇怪，怎么古人写的东西都是有价值的。其实这没有什么奇怪，他们所做的东西，也有许多没有价值的，不过这些没有价值的东西，没有为历代群众所推荐，在时间的考验上，落了选，被刷下去了。现在我们所称为“经典著作”或“古典著作”的书都是经过时间考验，流传下来的。这一类的书都是应该精读的书。当然随着时间的推移和历史的发展，这些书之中还要有些被刷下去。不过直到现在为止，它们都是榜上有名的，我们只能看现在的榜。

我们心里先有了这个数，就可随着自己的专业选定一些需要精读的书。这就是要一本一本地读，所以在一个时间内只能读一本书，一本书读完了才能读第二本。在读的时候，先要解其言。这就是说，首先要懂得它的文字；它的文字就是它的语言。语言有中外之分，也有古今之别。就中国的汉语笼统地说，有现代汉语，有古代汉语，古代汉语统称为古文。详细地说，古文之中又有时代的不同，有先秦的古文，有两汉的古文，有魏晋的古文，有唐宋的古文。中国汉族的古书，都是用这些不同的古文写的。这些古文，都是用一般汉字写的，但是仅只认识汉字还不行。我们看不懂古人用古文写的书，古人也不会看懂我们现在的《人民日报》。这叫语言文字关。攻不破这道关，就看不见这道关里边是什么情况，不知道关里边是些什么东西，只好在关外指手画脚，那是不行的。我所说的解其言，就是要攻破这一道语言文字关。当然要攻这道关的时候，要先做许多准备，用许多工具，如字典和词典等工具书之类。这是当然的事，这里就不多谈了。

中国有句老话说是“书不尽言，言不尽意”，意思是说，一部书上所写的总要比写那部书的人的话少，他所说的话总比他的意思少。一部书上所写的总要简单一些，不能像他所要说的话那样啰嗦。这个缺点倒有办法可以克服。只要他不怕啰嗦就可以了。好在笔墨纸张都很便宜，文章写得啰嗦一点无非是多费一点笔墨纸张，那也不是了不起的事。可是言不尽意那种困难，就没有法子克服了。因为语言总离不了概念，概念对于具体事物来说，总不会完全合适，不过是一个大概轮廓而已。比如一个人说，他牙痛。牙是一个概念，痛是一个概念，牙痛又是一个概念。其实他不仅止于牙痛而已。那个痛，有一种特别的痛法，有一定的大小范围，有一定的深度。这都是很复杂的情况，不是仅仅牙痛两个字所能说清楚的，无论怎样啰嗦他也说不出来的，言不尽意的困难就在于此。所以在读书的时候，即使书中的字都认得了，话全懂了，还未必能知道做书的人的意思。从前人说，读书要注意字里行间，又说读诗要得其“弦外音，味外味”。这都是说要在文字以外体会它的精神实质。这就是知其意。司马迁说过：“好学深思之士，心知其意。”意是离不开语言文字的，但有些是语言文字所不能完全表达出来的。如果仅只局限于语言文字，死抓住语言文字不放，那就成为死读书了。死读书的人就是书呆子。语言文字是帮助了解书的意思的拐棍。既然知道了那个意思以后，最好扔了拐棍。这就是古人所说的“得意忘言”。在人与人的关系中，过河拆桥是不道德的事。但是，在读书中，就是要过河拆桥。

上面所说的“书不尽言，言不尽意”之外，还可再加一句“意不尽理”。理是客观的道理；意是著书的人的主观的认识和判断，也就是客观的道理在他的主观上的反映。理和意既然有主观客观之分，意和理就不能完全相合。人总是人，不是全知全能。他的主观上的反映、体会和判断，和客观的道理总要有一定的差距，有或大或小的错误。所以读书仅至得其意还不行，还要明其理，才不至于为前人的意所误。如果明其理了，我就有我自己的意。我的意当然也是主观的，也可能不完全合乎客观的理。但我可以把我的意和前人的意互相比较，互相补充，互相纠正。这就可能有一个比较正确的意。这个意是我的，我就可以用它处理事务，解决问题。好像我用我自己的腿走路，只要我心里一想走，腿就自然而然地走了。读书到这个程度就算是能活学活用，把书读活了。会读书的人能把死书读活；不会读书的人能把活书读死。把死书读活，就能把书为我所用，把活书读死，就是把我为书所用。能够用书而不为书所用，读书就算读到家了。

从前有人说过："六经注我，我注六经。"自己明白了那些客观的道理，自己有了意，把前人的意作为参考，这就是"六经注我"。不明白那些客观的道理，甚而至于没有得古人所有的意，而只在语言文字上推敲，那就是"我注六经"。只有达到"六经注我"的程度，才能真正地"我注六经"。

（原载于 1983 年《书林》第 1 期）

# 胡适先生二三事

梁实秋

胡先生是安徽徽州绩溪县人，对于他的乡土念念不忘，他常告诉我们他的家乡的情形。徽州是个闭塞的地方。四面皆山，地瘠民贫，山地多种茶，每逢收茶季节，茶商经由水路从金华到杭州再到上海求售，所以上海的徽州人特多，号称徽帮，其势力一度不在宁帮之下。四马路一带就有好几家徽州馆子。民国十七八年间，有一天，胡先生特别高兴，请努生、光旦和我到一家徽州馆吃午饭。上海的徽州馆相当守旧，已经不能和新兴的广东馆、四川馆相比，但是胡先生要我们去尝尝他的家乡风味。

我们一进门，老板一眼望到胡先生，便从柜台后面站起来笑脸相迎，满口的徽州话，我们一点也听不懂。等我们扶着栏杆上楼的时候，老板对着后面厨房大吼一声。我们落座之后，胡先生问我们是否听懂了方才那一声大吼的意义。我们当然不懂，胡先生说：“他是在喊：‘绩溪老倌，多加油啊！’”原来绩溪是个穷地方，难得吃油大，多加油即是特别优待老乡之意。果然，那一餐的油不在少。有两个菜给我的印象特别深，一个是划水鱼，即红烧青鱼尾，鲜嫩无比；一个是生炒蝴蝶面，即什锦炒生面片，非常别致。缺点是味太咸，油太大。

徽州人聚族而居，胡先生常夸说，姓胡的、姓汪的、姓程的、姓吴的、姓叶的，大概都是徽州的，或是源出于徽州的。他问过汪精卫、叶恭绰，都承认他们祖上是在徽州。努生调侃地说："胡先生，如果再扩大研究下去，我们可以说中华民族起源于徽州了。"相与拊掌大笑。

吾妻季淑是绩溪程氏，我在胡先生座中如遇有徽州客人，胡先生必定这样地介绍我："这是梁某某，我们绩溪的女婿，半个徽州人。"他的记忆力特别好，他不会忘记提起我的岳家早年在北京开设的程五峰斋，那是一家在北京与胡开文齐名的笔墨店。

胡先生酒量不大，但很喜欢喝酒。有一次他的朋友结婚，请他证婚，这是他最喜欢做的事，筵席只预备了两桌，礼毕入席，每桌备酒一壶，不到一巡而告罄。胡先生大呼添酒，侍者表示为难。主人连忙解释，说新娘是 Temperance League（节酒会）的会员。胡先生从怀里掏出现洋一元交付侍者，他说："不干新郎新娘的事，这是我们几个朋友今天高兴，要再喝几杯。赶快拿酒来。"主人无可奈何，只好添酒。

事实上胡先生从不闹酒。民国二十年春，胡先生由沪赴平，道出青岛，我们请他到青岛大学演讲，他下榻万国疗养院。讲题是《山东在中国文化里的地位》，就地取材，实在高明之至，对于齐鲁文化的变迁、儒道思想的递嬗，讲得头头是道，亹亹不倦，听众无不欢喜。当晚青大设宴，有酒如渑，胡先生赶快从袋里摸出一只大金指环给大家传观，上面刻着“戒酒”二字，是胡太太送给他的。

胡先生交游广，应酬多，几乎天天有人邀饮，家里可以无需开伙。徐志摩曾风趣地说：“我最羡慕我们胡大哥的肠胃，天天酬酢，肠胃居然吃得消！”其实胡先生并不欣赏这种交际性的宴会，只是无法拒绝而已。民国二十年六月二十一日胡先生写信给我，劝我离开青岛到北大教书，他说：“你来了，我陪你喝十碗好酒！”

胡先生住上海极司菲尔路的时候，有一回请“新月社”一些朋友到他家里吃饭，菜是胡太太亲自做的——徽州著名的“一品锅”。一只大铁锅，口径差不多有一呎，热腾腾地端了上桌，里面还在滚沸，一层鸡，一层鸭，一层肉，点缀着一些蛋皮饺，紧底下是萝卜白菜。胡先生详细介绍这一品锅，告诉我们这是徽州人家待客的上品，酒菜、饭菜、汤，都在其中矣。对于胡太太的烹调本领，他是赞不绝口的。他认为另有一样食品也是非胡太太不办的，那就是蛋炒饭——饭里看不见蛋而蛋味十足，我虽没有品尝过，可是我早就知道其做法是把饭放在搅好的蛋里拌匀后再下锅炒。

胡先生不以书法名，但是求他写字的人太多，他也喜欢写。

他做中国公学校长的时候，每星期到吴淞三两次，我每次遇见他都是看到他被学生们里三层外三层地密密围绕着。学生要他写字，学生需要自己备纸和研好的墨。他未到校之前，桌上已按次序排好一卷一卷的宣纸、一盘一盘的墨汁。他进屋之后就伸胳膊挽袖子，挥毫落纸如云烟，还要一面和人寒暄，大有手挥五弦目送飞鸿之势。胡先生的字如其人，清癯消瘦，而且相当工整，从来不肯做行草，一横一捺都拖得很细很长，好像是伸胳膊伸腿的样子。不像瘦金体，没有那一份劲逸之气，可是不俗。胡先生说蔡孑民的字，也是瘦骨嶙峋，和一般人点翰林时所写的以黑大圆光著名的墨卷迥异其趣，胡先生曾问过他，以他那样的字何以能点翰林，蔡先生答说："也许是因为当时最流行的是黄山谷的字体罢！"

胡先生最爱写的对联是："大胆地假设，小心地求证；认真地做事，严肃地做人。"我常惋惜，大家都注意上联，而不注意下联。这一联有如双翼，上联教人求学，下联教人做人，我不知道胡先生这一联产生了多少效果。这一联教训的意味很浓，胡先生自己亦不讳言他喜欢用教训的口吻。他常说："说话而教人相信，必须斩钉截铁，咬牙切齿，翻来覆去。《圣经》里便是时常使用 Verily、Verily 以及 Thou shalt 等等的字样。"胡先生说话并不武断，但是语气永远是非常非常坚定的。

赵瓯北的一首诗"李杜诗篇万口传，至今已觉不新鲜。江山代有才人出，各领风骚数百年"，也是胡先生所爱好的，显然是因为这首诗的见解颇合于提倡新文学者的口味。胡先生到台湾后，有一天我请他到师大讲演，讲的是《中国文学的演变》，以六十八高龄的人犹能谈上两个钟头而无倦色。在休息的时间，《中国语文》月刊请他题字，他题了三十多年前的旧句："山风吹散了窗纸上的松影，吹不散我心头的人影。"

胡先生毕生服膺科学，但是他对于中医问题的看法并不趋于极端，和傅斯年先生一遇到孔庚先生便脸红脖子粗的情形大不相同。（傅斯年先生反对中医，有一次和提倡中医的孔庚先生在国民参政会席上相对大骂几乎要挥老拳。）胡先生笃信西医，但也接受中医治疗。

民国十四年二月孙中山先生病危，从医院迁出，住进行馆，改试中医，由适之先生偕名医陆仲安诊视。这一段经过是大家知道的。陆仲安初无藉藉名，徽州人，一度落魄，住在绩溪会馆所以才认识胡先生，偶然为胡先生看病，竟奏奇效，故胡先生为他揄扬，名医之名不胫而走。事实上陆先生亦有其不平凡处，盛名固非幸致。十五六年之际，我家里有人患病即常延陆来诊。陆先生诊病，无模棱两可语，而且处方下药分量之重令人惊异。药必须要到同仁堂去抓，否则不悦。每服药必定是大大的一包，小一点的药锅便放不进去。贵重的药更要大量使用。他的理论是：看准了病便要投以重剂猛攻。后来在上海有一次胡先生请吃花酒，我发现陆先生亦为席上客，那时候他已是大腹便便、仆仆京沪道上专为要人治病的名医了。

胡先生左手背上有一肉瘤隆起，医师劝他割除，他就在北平协和医院接受手术，他告诉我医师们动手术的时候，动用一切应有的设备，郑重其事地为他解除这一小患，那份慎重将事的态度使他感动。又有一次乘船到美国去开会，医师劝他先割掉盲肠再做海上旅行，以免途中万一遭遇病发而难以处置，他欣然接受了外科手术。

我没看见过胡先生请教中医或服中药，可是也不曾听他说过反对中医中药的话。

胡先生从来不在人背后说人的坏话，而且也不喜欢听人在他面前说别人的坏话。有一次他听了许多不相干的闲话之后喟然而叹曰："来说是非者，便是是非人！"相反的，人有一善，胡先生辄津津乐道，真是口角春风。徐志摩给我的一封信里有"胡圣潘仙"一语，是因为胡先生向有"圣人"之称，潘光旦只有一条腿，可跻身八仙之列，并不完全是戏谑。

但是誉之所至，谤亦随之。胡先生到台湾来，不久就出现了《胡适与国运》匿名小册，（后来匿名者显露了真姓名）胡先生夷然处之，不予理会。胡先生兴奋地说，大陆上印出了三百万字清算胡适思想。言外之意，《胡适与国运》太不成比例了。胡先生返台定居，本来是落叶归根非常明智之举，但也不是没有顾虑。首先台湾气候并不适宜。一九五七年十一月二十五日给陈之藩先生的信就说："请胸部大夫检查两次 X 光照片都显示肺部有弱点（旧的、新的）。此君很不赞成我到台湾的'潮冷'又'潮热’的气候去久住。”但是一九五六年十一月十八日给赵元任夫妇的信早就说过：“我现在的计划是要在台中或台北……为久居之计。不管别人欢迎不欢迎，讨厌不讨厌，我在台湾是要住下去的。（我也知道一定有人不欢迎我长住下去。）”可见胡先生决意来台定居，医生的意见也不能左右他，不欢迎他的人只好写写《胡适与国运》罢了。

一九六〇年七月十日胡先生在西雅图举行“中美文化合作会议”发表的一篇讲演，是很重要的文献，原文是英文的，同年七月廿一、廿二、廿三，台湾“中央日报”有中文译稿。在这篇讲演里胡先生历述中国文化之演进的大纲，结论是：“我相信人道主义及理性主义的中国传统，并未被毁灭，且在所有情形下不能被毁灭！”大声疾呼，为中国文化传统做狮子吼，在座的中美听众一致起立欢呼鼓掌久久不停，情况是非常动人的。事后有一位美国学者称道这篇演讲具有“丘吉尔作风”。我觉得像这样的言论才算得是弘扬中国文化。当晚，在旅舍中胡先生取出一封复印信给我看，是当地主人华盛顿大学校长欧地嘉德先生特意复印给胡先生的。这封信是英文的，是中国人写的英文，起草的人是谁不问可知，是写给欧地嘉德的，具名连署的人不下十余人之多，其中有“委员”，有“教授”，有男有女。信的主旨大概是说：胡适是中国文化的叛徒，不能代表中国文化，此番出席会议未经合法推选程序，不能具有代表资格，特予郑重否认云云。我看过之后交还了胡先生，问他怎样处理，胡先生微笑着说：“不要理他！”我不禁想起《胡适与国运》。

胡先生在师大讲演中国文学的变迁，弹的还是他的老调。我给他录了音，音带藏师大文学院英语系。他在讲词中提到律诗及平剧，斥为“下流”。听众中喜爱律诗及平剧的人士大为惊愕，当时面面相觑，事后议论纷纷。我告诉他们这是胡先生数十年一贯的看法，可惊的是他几十年后一点也没有改变。中国律诗的艺术之美，平剧的韵味，都与胡先生始终无缘。八股、小脚、鸦片，是胡先生所最深恶痛绝的，我们可以理解。律诗与平剧似乎应该属于另一范畴。

胡先生对于禅宗的历史下过很多功夫，颇有心得，但是对于禅宗本身那一套奥义并无好感。有一次朋友宴会饭后要大家题字，我偶然地写了“无门关”的一偈，胡先生看了很吃一惊，因此谈起禅宗，我提到日本铃木大拙所写的几部书，胡先生正色说：“那是骗人的，你不可信他。”

（作于1974年）

# 追悼志摩

胡适

悄悄的我走了，
正如我悄悄的来；
我挥一挥衣袖，
不带走一片云彩。

（《再别康桥》）

志摩这一回真走了！可不是悄悄的走。在那淋漓的大雨里，在那迷蒙的大雾里，一个猛烈的大震动，三百匹马力的飞机碰在一座终古不动的山上，我们的朋友额上受了一下致命的撞伤，大概立刻失去了知觉。半空中起了一团大火，像天上陨了一颗大星似的直掉下地去。我们的志摩和他的两个同伴就死在那烈焰里了！

我们初得着他的死信，都不肯相信，都不信志摩这样一个可爱的人会死得这么惨酷。但在那几天的精神大震撼稍稍过去之后，我们忍不住要想，那样的死法也许只有志摩最配。我们不相信志摩会“悄悄的走了”，也不忍想志摩会死一个“平凡的死”，死在天空之中，大雨淋着，大雾笼罩着，大火焚烧着，那撞不倒的山头在旁边冷眼瞧着，我们新时代的新诗人，就是要自己挑一种死法，也挑不出更合式、更悲壮的了。志摩走了，我们这个世界里被他带走了不少的云彩。他在我们这些朋友之中，真是一片最可爱的云彩，永远是温暖的颜色，永远是美的花样，永远是可爱。他常说：

我不知道风
是在那一个方向吹——

我们也不知道风是在那一个方向吹，可是狂风过去之后，我们的天空变惨淡了，变寂寞了，我们才感觉我们的天上的一片最可爱的云彩被狂风卷去了，永远不回来了！

这十几天里，常有朋友到家里来谈志摩，谈起来常常有人痛哭。在别处痛哭他的，一定还不少。志摩所以能使朋友这样哀念他，只是因为他的为人整个的只是一团同情心，只是一团爱。叶公超先生说，他对于任何人，任何事，从未有过绝对的怨恨，甚至于无意中都没有表示过一些憎嫉的神气。陈通伯先生说，尤其朋友里缺不了他。他是我们的连索，他是黏着性的，发酵性的。

在这七八年中，国内文艺界里起了不少的风波，吵了不少的架，许多很熟的朋友往往弄得不能见面。但我没有听见有人怨恨过志摩；谁也不能抵抗志摩的同情心，谁也不能避开他的黏着性。他才是和事佬，他有无穷的同情，他才是朋友中间的“连索”。他从没有疑心，他从不会妒忌。他使这些多疑善妒的人们十分惭愧，又十分羡慕。

他的一生真是爱的象征。爱是他的宗教，他的上帝。

我攀登了万仞的高冈，

荆棘扎烂了我的衣裳，

我向飘渺的云天外望——

上帝，我望不见你！

……

我在道旁见一个小孩：

活泼，秀丽，褴褛的衣衫；

他叫声“妈”，眼里亮着爱——

上帝，他眼里有你！

（《他眼里有你》）

志摩今年在他的《猛虎集自序》里曾说他的心境是“一个曾经有单纯信仰的流入怀疑的颓废”。这句话是他最好的自述。他的人生观真是一种“单纯信仰”，这里面只有三个大字：一个是爱，一个是自由，一个是美。他梦想这三个理想的条件能够会合在一个人生里，这是他的“单纯信仰”。他的一生的历史，只是他追求这个单纯信仰的实现的历史。

社会上对于他的行为，往往有不谅解的地方，都只因为社会上批评他的人不曾懂得志摩的“单纯信仰”的人生观。他的离婚和他的第二次结婚，是他一生最受社会严厉批评的两件事。现在志摩的棺已盖了，而社会上的议论还未定。但我们知道这两件事的人，都能明白，至少在志摩的方面，这两件事最可以代表志摩的单纯理想的追求。他万分诚恳地相信那两件事都是他实现那“美与爱与自由”的人生的正当步骤。这两件事的结果，在别人看来，似乎都不曾能够实现志摩的理想生活。但到了今日，我们还忍用成败来议论他吗?

我忍不住我的历史癖，今天我要引用一点神圣的历史材料，来说明志摩决心离婚时的心理。民国十一年三月，他正式向他的夫人提议离婚，他告诉她，他们不应该继续他们的没有爱情没有自由的结婚生活了，他提议“自由之偿还自由”，他认为这是“彼此重见生命之曙光，不世之荣业”。他说：故转夜为日，转地狱为天堂，直指顾间事矣。……真生命必自奋斗自求得来，真幸福亦必自奋斗自求得来，真恋爱亦必自奋斗自求得来！彼此前途无限，……彼此有改良社会之心，彼此有造福人类之心，其先自作榜样，勇决智断，彼此尊重人格，自由离婚，止绝苦痛，始兆幸福，皆在此矣。

这信里完全是青年的志摩的单纯的理想主义，他觉得那没有爱又没有自由的家庭是可以摧毁他们的人格的，所以他下了决心，要把自由偿还自由，要从自由求得他们的真生命，真幸福，真恋爱。

后来他回国了，婚是离了，而家庭和社会都不能谅解他。最奇怪的是他和他已离婚的夫人通信更勤，感情更好。社会上的人更不明白了。志摩是梁任公先生最爱护的学生，所以民国十二年任公先生曾写一封很恳切的信去劝他。在这信里，任公提出两点：其一,万不容以他人之苦痛，易自己之快乐。弟之此举，其于弟将来之快乐能得与否，殆茫如捕风，然先已予多数人以无量之苦痛。其二，恋爱神圣为今之少年所乐道。……兹事盖可遇而不可求。……况多情多感之人，其幻想起落鹘突，而得满足得宁帖也极难。所梦想之神圣境界恐终不可得，徒以烦恼终其身已耳。

任公又说：呜呼志摩！天下岂有圆满之宇宙？……当知吾侪以不求圆满为生活态度，斯可以领略生活之妙味矣。……若沉迷于不可必得之令境，挫折数次，生意尽矣，郁悒侘傺以死，死为无名。死犹可也，最可畏者，不死不生而堕落至不复能自拔。呜呼志摩，可无惧耶！可无惧耶！（十二年一月二日信）

任公一眼看透了志摩的行为是追求一种“梦想的神圣境界”，他料到他必要失望，又怕他少年人受不起几次挫折，就会死，就会堕落。所以他以老师的资格警告他：“天下岂有圆满之宇宙？”

但这种反理想主义是志摩所不能承认的。他答复任公的信，第一不承认他是把他人的苦痛来换自己的快乐。他说：我之甘冒世之不韪，竭全力以斗者，非特求免凶惨之苦痛，实求良心之安顿，求人格之确立，求灵魂之救度耳。人谁不求庸德？人谁不安现成？人谁不畏艰险？然且有突围而出者，夫岂得已而然哉？

第二，他也承认恋爱是可遇而不可求的，但他不能不去追求。

他说：我将于茫茫人海中访我唯一灵魂之伴侣；得之，我幸；不得，我命，如此而已。

他又相信他的理想是可以创造培养出来的。他对任公说：嗟夫吾师！我尝奋我灵魂之精髓，以凝成一理想之明珠，涵之以热满之心血，朗照我深奥之灵府。而庸俗忌之嫉之，辄欲麻木其灵魂，捣碎其理想，杀灭其希望，污毁其纯洁！我之不流入堕落，流入庸懦，流入卑污，其几亦微矣！

我今天发表这三封不曾发表过的信，因为这几封信最能表现那个单纯的理想主义者徐志摩。他深信理想的人生必须有爱，必须有自由，必须有美；他深信这种三位一体的人生是可以追求的，至少是可以用纯洁的心血培养出来的。——我们若从这个观点来观察志摩的一生，他这十年中的一切行为就全可以了解了。我还可以说，只有从这个观点上才可以了解志摩的行为；我们必须先认清了他的单纯信仰的人生观，方才认得清志摩的为人。

志摩最近几年的生活，他承认是失败。他有一首《生活》的诗，诗是暗惨得可怕：

阴沉，黑暗，毒蛇似的蜿蜒，

生活逼成了一条甬道：

一度陷入，你只可向前，

手扪索着冷壁的粘潮，

在妖魔的脏腑内挣扎，

头顶不见一线的天光，

这魂魄，在恐怖的压迫下，

除了消灭更有什么愿望？

（十九年五月二十九日）

他的失败是一个单纯的理想主义者的失败。他的追求，使我们惭愧，因为我们的信心太小了，从不敢梦想他的梦想。他的失败，也应该使我们对他表示更深厚的恭敬与同情，因为偌大的世界之中，只有他有这信心，冒了绝大的危险，费了无数的麻烦，牺牲了一切平凡的安逸，牺牲了家庭的亲谊和人间的名誉，去追求，去试验一个“梦想之神圣境界”，而终于免不了惨酷的失败；也不完全是他的人生观的失败。他的失败是因为他的信仰太单纯了，而这个现实世界太复杂了，他的单纯的信仰禁不起这个现实世界的摧毁；正如易卜生的诗剧 Brand 里的那个理想主义者，抱着他的理想，在人间处处碰钉子，碰得焦头烂额，失败而死。

然而我们的志摩“在这恐怖的压迫下”，从不叫一声“我投降了”！他从不曾完全绝望，他从不曾绝对怨恨谁。他对我们说：你们不能更多地责备。我觉得我已是满头的血水，能不低头已算是好的。(《猛虎集自序》) 是的，他不曾低头。他仍旧昂起头来做人；他仍旧是他那一团的同情心，一团的爱。我们看他替朋友做事，替团体做事，他总是仍旧那样热心，仍旧那样高兴。几年的挫折，失败，苦痛，似乎使他更成熟了，更可爱了。

他在苦痛之中，仍旧继续他的歌唱。他的诗作风也更成熟了。他所谓“初期的汹涌性”固然是没有了，作品也减少了；但是他的意境变深厚了，笔致变淡远了，技术和风格都更进步了。这是读《猛虎集》的人都能感觉到的。志摩自己希望今年是他的“一个真正的复活的机会”。他说：抬起头居然又见到天了。眼睛睁开了，心也跟着开始了跳动。

我们一班朋友都替他高兴。他这几年来想用心血浇灌的花也许是枯萎的了；但他的同情，他的鼓舞，早又在别的园里种出了无数的可爱的小树，开出了无数可爱的鲜花。他自己的歌唱有一个时代是几乎消沉了；但他的歌声引起了他的园地外无数的歌喉，嘹亮地唱，哀怨地唱，美丽地唱。这就是他的安慰，都使他高兴。

谁也想不到在这个最有希望的复活时代，他竟丢了我们走了！他的《猛虎集》里有一首咏一只黄鹂的诗，现在重读了，好像他在那里描写他自己的死，和我们对他的死的悲哀：等候他唱，我们静着望，怕惊了他。但他一展翅，冲破浓密，化一朵彩云：他飞了，不见了，没了——像是春光，火焰，像是热情。

志摩这样一个可爱的人，真是一片春光，一团火焰，一腔热情。现在难道都完了？

决不！决不！志摩最爱他自己的一首小诗，题目叫《偶然》，在他的《卞昆冈》剧本里，在那个可爱的孩子阿明临死时，那个瞎子弹着三弦，唱着这首诗：

我是天空里的一片云，
偶尔投影在你的波心——
你不必讶异，
更无需欢喜——
在转瞬间消灭了踪影。
你我相逢在黑暗的海上，
你有你的，我有我的方向。
你记得也好，
最好你忘掉，
在这交会时互放的光亮！

朋友们，志摩是走了，但他投的影子会永远留在我们心里，他放的光亮也会永远留在人间，他不曾白来了一世。我们有了他做朋友，也可以安慰自己说不曾白来了一世。我们忘不了和我们在那交会时互放的光亮！

（二十年，十二月，三夜，原载于1931年《新月》月刊第4卷第1期）

# 纪念志摩去世四周年

林徽因

今天是你走脱这世界的四周年！朋友，我们这次拿什么来纪念你？前两次的用香花感伤地围上你的照片，抑住嗓子底下叹息和悲哽，朋友和朋友无聊地对望着，完成一种纪念的形式，俨然是愚蠢的失败。因为那时那种近于伤感，而又不够宗教庄严的举动，除却点明了你和我们中间的距离，生和死的间隔外，实在没有别的成效；几乎完全不能达到任何真实纪念的意义。

去年今日我意外地由浙南路过你的家乡，在昏沉的夜色里我独立火车门外，凝望着那幽黯的站台，默默地回忆许多不相连续的过往残片，直到生和死间居然幻成一片模糊，人生和火车似的蜿蜒一串疑问在苍茫间奔驰。我想起你的：

火车擒住轨，在黑夜里奔

过山，过水，过……

如果那时候我的眼泪曾不自主地溢出睫外，我知道你定会原谅我的。你应当相信我不会向悲哀投降，什么时候我都相信倔强的忠于生的，即使人生如你底下所说：

就凭那精窄的两道，算是轨，

驮着这份重，梦一般的累坠！

就在那时候我记得火车慢慢地由站台拖出，一程一程地前进，我也随着酸怆的诗意，那“车的呻吟”“过荒野，过池塘，……过噤口的村庄”。到了第二站—— 我的一半家乡。

今年又轮到今天这一个日子！世界仍旧一团糟，多少地方是黑云布满着粗筋络往理想的反面猛进，我并不在瞎说，当我写：

信仰只一细炷香，

那点子亮再经不起西风

沙沙的隔着梧桐树吹

朋友，你自己说，如果是你现在坐在我这位子上，迎着这一窗太阳：眼看着菊花影在墙上描画作态；手臂下倚着两叠今早的报纸；耳朵里不时隐隐地听着朝阳门外“打靶”的枪弹声；意识的，潜意识的，要明白这生和死的谜，你又该写成怎样 一首诗来，纪念一个死别的朋友？

此时，我却是完全的一个糊涂！习惯上我说，每桩事都像是造物的意旨，归根都是运命，但我明知道每桩事都像有我们自己的影子在里面烙印着！我也知道每一个日子是多少机缘巧合凑拢来拼成的图案，但我也疑问其间的摆布谁是主宰。据我看来：死是悲剧的一章，生则更是一场悲剧的主干！我们这一群剧中的角色自身性格与性格矛盾；理智与情感两不相容；理想与现实当面冲突，侧面或反面激成悲哀。日子一天一天向前转，昨日和昨日堆垒起来混成一片不可避脱的背景，做成我们周遭的墙壁或气氲，那么结实又那么缥缈，使我们每一人站在每一天的每一个时候里都是那么主要，又是那么渺小无能为力！

此刻我几乎找不出一句话来说，因为，真的，我只是个完全的糊涂；感到生和死一样的不可解，不可懂。

但是我却要告诉你，虽然四年了你脱离去我们这共同活动的世界，本身停掉参加牵引事体变迁的主力，可是谁也不能否认，你仍立在我们烟涛渺茫的背景里，间接的是一种力量，尤其是在文艺创造的努力和信仰方面。间接的你任凭自然的音韵，颜色，不时的风轻月白，人的无定律的一切情感，悠断悠续的仍然在我们中间继续着生，仍然与我们共同交织着这生的纠纷，继续着生的理想。你并不离我们太远。你的身影永远挂在这里那里，同你生前一样的飘忽，爱在人家经意时莅止，带来勇气的笑声也总是那么嘹亮，还有，还有经过你热情或焦心苦吟的那些诗，一首一首仍串着许多人的心旋转。

说到你的诗，朋友，我正要正经地同你再说一些话。你不要不耐烦，这话迟早我们总要说清的。人说盖棺定论，前者早已成了事实，这后者在这四年中，说来叫人难受，我还未曾读到一篇中肯或诚实的论评，虽然对你的赞美和攻讦由你去世后一两周间，就纷纷开始了。但是他们每人手里拿的都不像纯文艺的天秤；有的喜欢你的为人，有的疑问你私人的道德；有的单单尊崇你诗中所表现的思想哲学，有的仅喜爱那些软弱的细致的句子，有的每发议论必须牵涉到你的个人生活之合乎规矩方圆，或断言你是轻薄，或引证你是浮奢豪侈！朋友，我知道你从不介意过这些，许多人的浅陋老实或刻薄处你早就领略过一堆，你不止未曾生过气，并且常常表示怜悯同原谅；你的心情永远是那么洁净；头老抬得那么高；胸中老是那么完整的诚挚；臂上老有那么许多不折不挠的勇气。但是现在的情形与以前却稍稍不同，你自己既已不在这里，做你朋友的，眼看着你被误解，曲解，乃至于谩骂，有时真忍不住替你不平。

但你可别误会我心眼儿窄，把不相干的看成重要，我也知道误解曲解谩骂，都是不相干的，但是朋友，我们谁都需要有人了解我们的时候，真了解了我们，即使是痛下针砭，骂着了我们的弱处错处，那整个的我们却因而更增添了意义，一个作家文艺的总成绩更需要一种就文论文，就艺术论艺术的和平判断。

你在《猛虎集》"序"中说"世界上再没有比写诗更惨的事"，你却并未说明为什么写诗是一桩惨事，现在让我来个注脚好不好？我看一个人一生为着一个愚诚的倾向，把所感受到的复杂的情绪尝味到的生活，放到自己的理想和信仰的锅炉里烧炼成几句悠扬铿锵的语言（哪怕是几声小唱），来满足他自己本能的艺术的冲动，这本来是个极寻常的事，哪一个地方哪一个时代，都不断有这种人。轮着做这种人的多半是为着他情感来的比寻常人浓富敏锐，而为着这情感而发生的冲动更是非实际的——或不全是实际的——追求，而需要那种艺术的满足而已。说起来写诗的人的动机多么简单可怜，正是如你"序"里所说"我们都是受支配的善良的生灵"！虽然有些诗人因为他们的成绩特别高厚广阔包括了多数人，或整个时代的艺术和思想的冲动，从此便在人间披上神秘的光圈，使"诗人"两字无形中挂着崇高的色彩。这样使一般努力于用韵文表现或描画人在自然万物相交错时的情绪思想的，便被人的成见看作夸大狂的旗帜，需要同时代人的极冷酷的讥讪和不信任来扑灭它，以挽救人类的尊严和健康。

我承认写诗是惨淡经营，孤立在人中挣扎的勾当，但是因为我知道太清楚了，你在这上面单纯的信仰和诚恳的尝试，为同业者奋斗，卫护他们情感的愚诚，称扬他们艺术的创造，自己从未曾求过虚荣，我觉得你始终是很逍遥舒畅的。如你自己所说"满头血水"，你"仍不曾低头"，你自己相信"一点性灵还在那里挣扎""还想在实际生活的重重压迫下透出一些声响来"。

简单地说，朋友，你这写诗的动机是坦白而不由自主的，你写诗的态度是诚实，勇敢而倔强的。这在讨论你诗的时候，谁都先得明了的。

至于你诗的技巧问题，艺术上的造诣，在这新诗仍在彷徨歧路的尝试期间，谁也不能坚决地论断，不过有一桩事我很想提醒现在讨论新诗的人，新诗之由于无条件无形制宽泛到几乎没有一定的定义时代，转入这讨论外形内容，以至于音节韵脚章句意象组织等艺术技巧问题的时期，即是根据着对这方面努力尝试过的那一些诗，你的头两个诗集子就是供给这些讨论见解最多材料的根据。外国的土话说“马总得放在马车的前面”，不是？没有一些尝试的成绩放在那里，理论家是不能老在那里发一堆空头支票的，不是？

你自己一向不止在那里倔强地尝试用功，你还会用尽你所有活泼的热心鼓励别人尝试，鼓励“时代”起来尝试，——这种工作是最犯风头嫌疑的，也只有你胆子大头皮硬顶得下来！我还记得你要印诗集子时我替你捏一把汗，老实说还替你在有文采的老前辈中间难为情过，我也记得我初听到人家找你办《晨报副刊》时我的焦急，但你居然板起个脸抓起两把鼓槌子为文艺吹打开路乃至于扫地，铺鲜花，不顾旧势力的非难，新势力的怀疑，你干你的事，“事在人为，做了再说”那股子劲，以后别处也还很少见。

现在你走了，这些事渐渐在人的记忆中模糊下来，你的诗和文也散漫在各小本集子里，压在有极新鲜的封皮的新书后面，谁说起你来，不是马马糊糊地承认你是过去中一个势力，就是拿能够挑剔看轻你的诗为本事（散文人家很少提到，或许“散文家”没有诗人那么光荣，不值得注意）。朋友，这是没法子的事，我却一点不为此灰心，因为我有我的信仰。

我认为我们这写诗的动机既如前边所说那么简单愚诚；因在某一时，或某一刻敏锐地接触到生活上的锋芒，或偶然地触遇到理想峰巅上云彩星霞，不由得不在我们所习惯的语言中，编缀出一两串近于音乐的句子来，慰藉自己，解放自己，去追求超实际的真美，读诗者的反应一定有一大半也和我们这写诗的一样诚实天真，仅想在我们句子中间由音乐性的愉悦，接触到一些生活的底蕴掺合着美丽的憧憬；把我们的情绪给他们的情绪搭起一座浮桥，把我们的灵感，给他们生活添些新鲜；把我们的痛苦伤心再揉成他们自己忧郁的安慰！

我们的作品会不会再长存下去，就看它们会不会活在那一些我们从不认识的人，我们作品的读者，散在各时、各处互相不认识的孤单的人的心里的，这种事它自己有自己的定律，并不需要我们的关心的。你的诗据我所知道的，它们仍旧在这里浮沉流落，你的影子也就浓淡参差地系在那些诗句中，另一端印在许多不相识人的心里。朋友，你不要过于看轻这种间接的生存，许多热情的人他们会为着你的存在，而加增了生的意识的。伤心的仅是那些你最亲热的朋友们和同兴趣的努力者，你不在他们中间的事实，将要永远是个不能填补的空虚。

你走后大家就提议要为你设立一个“志摩奖金”来继续你鼓励人家努力诗文的素志，勉强象征你那种对于文艺创造拥护的热心，使不及认得你的青年人永远对你保存着亲热。如果这事你不觉到太寒伧不够热气，我希望你原谅你这些朋友们的苦心，在冥冥之中笑着给我们勇气来做这一些蠢诚的事吧。

（二十四年十一月十九日，北平）

# 志摩在回忆里

郁达夫

新诗传宇宙，竟尔乘风归去，同学同庚，老友如君先宿草。

华表托精灵，何当化鹤重来，一生一死，深闺有妇赋招魂。

这是我托杭州陈紫荷先生代作代写的一副挽志摩的挽联。陈先生当时问我和志摩的关系，我只说他是我自小的同学，又是同年，此外便是他这一回的很适合他身份的死。作挽联我是不会做的，尤其是文言的对句。而陈先生也想了许多成句，如“高处不胜寒”“犹是深闺梦里人”之类，但似乎都寻不出适当的上下对，所以只成了上举的一联。这挽联的好坏如何，我也不晓得，不过我觉得文句做得太好，对仗对得太工，是不大适合于哀挽的本意的。悲哀的最大表示，是自然的目瞪口呆，僵若木鸡的那一种样子，这我在小曼夫人当初接到志摩的凶耗的时候曾经亲眼见到过。其次是抚棺的一哭，这我在万国殡仪馆中，当日来吊的许多志摩的亲友之间曾经看到过。至于哀挽诗词的工与不工，那却是次而又次的问题了；我不想说志摩是如何如何的伟大，我不想说他是如何如何的可爱，我也不想说我因他之死而感到怎么怎么的悲哀，我只想把在记忆里的志摩来重描一遍，因而再可以想见一次他那副凡见过他一面的人谁都不容易忘去的面貌与音容。

大约是在宣统二年（一九一〇年）的春季，我离开故乡的小市，去转入当时的杭府中学读书，——上一期似乎是在嘉兴府中读的，终因路远之故而转入了杭府——那时候府中的监督，记得是邵伯炯先生，寄宿舍是大方伯的图书馆对面。

当时的我，是初出茅庐的一个十四岁未满的乡下少年，突然间闯入了省府的中心，周围万事看起来都觉得新异怕人。所以在宿舍里，在课堂上，我只是诚惶诚恐，战战兢兢，同蜗牛似地蜷伏着，连头都不敢伸一伸出壳来。但是同我的这一种畏缩态度正相反的，在同一级同一宿舍里，却有两位奇人在跳跃活动。

一个是身体生得很小，而脸面却是很长，头也生得特别大的小孩子。我当时自己当然总也还是一个小孩子，然而看见了他，心里却老是在想："这顽皮小孩，样子真生得奇怪。"仿佛我自己已经是一个大孩似的。还有一个日夜和他在一块，最爱做种种淘气的把戏，为同学中间的爱戴集中点的，是一个身材长得相当的高大，面上也已经满示着成年的男子的表情，由我那时候的心里猜来，仿佛是年纪总该在三十岁以上的大人，——其实呢，他也不过和我们上下年纪而已。

他们俩，无论在课堂上或在宿舍里，总在交头接耳地密谈着，高笑着，跳来跳去，和这个那个闹闹，结果却终于会出其不意地做出一件很轻快很可笑很奇特的事情来吸收大家的注意的。

而尤其使我惊异的，是那个头大尾巴小，戴着金边近视眼镜的顽皮小孩，平时那样地不用功，那样地爱看小说——他平时拿在手里的总是一卷有光纸上印着石印细字的小本子——而考起来或作起文来却总是分数得得最多的一个。

像这样地和他们同住了半年宿舍，除了有一次两次也上了他们一点小当之外，我和他们终究没有发生什么密切一点的关系；后来似乎我的宿舍也换了，除了在课堂上相聚在一块之外，见面的机会更加少了。年假之后第二年的春天，我不晓为了什么，突然离去了府中，改入了一个现在似乎也还没有关门的教会学校。从此之后，一别十余年，我和这两位奇人——一个小孩，一个大人——终于没有遇到的机会。虽则在异乡飘泊的途中，也时常想起当日的旧事，但是终因为周围环境的迁移激变，对这微风似的少年时候的回忆，也没有多大的留恋。

民国十三四年——一九二三四年——之交，我混迹在北京的软红尘里；有一天风定日斜的午后，我忽而在石虎胡同的松坡图书馆里遇见了志摩。仔细一看，他的头，他的脸，还是同中学时候一样发育得分外的大，而那矮小的身材却不同了，非常之长大了，和他并立起来，简直要比我高一二寸的样子。

他的那种轻快磊落的态度，还是和孩时一样，不过因为历尽了欧美的游程之故，无形中已经锻炼成了一个长于社交的人了。笑起来的时候，可还是同十几年前的那个顽皮小孩一色无二。

从这年后，和他就时时往来，差不多每礼拜要见好几次面。他的善于座谈，敏于交际，长于吟诗的种种美德，自然而然地使他成了一个社交的中心。当时的文人学者，达官丽姝，以及中学时候的倒霉同学，不论长幼，不分贵贱，都在他的客座上可以看得到。不管你是如何心神不快的时候，只教经他用了他那种浊中带清的洪亮的声音，“喂，老 ×，今天怎么样？什么什么怎么样了？”地一问，你就自然会把一切的心事丢开，被他的那种快乐的光耀同化了过去。

正在这前后，和他一次谈起了中学时候的事情，他却突然地呆了一呆，张大了眼睛惊问我说：“老李你还记得起记不起？他是死了哩！”

这所谓老李者，就是我在头上写过的那位顽皮大人，和他一道进中学的他的表哥哥。

其后他又去欧洲，去印度，交游之广，从中国的社交中心扩大而成为国际的。于是美丽宏博的诗句和清新绝俗的散文，也一年年地积多了起来。一九二七年的革命之后，北京变了北平，当时的许多中间阶级者就四散成了秋后的落叶。有些飞上了天去，成了要人，再也没有见到的机会了，有些也竟安然地在牖下到了黄泉；更有些，不死不生，仍复在歧路上徘徊着，苦闷着，而终于寻不到出路。是在这一种状态之下，有一天在上海的街头，我又忽而遇见志摩。

“喂，这几年来你躲在什么地方？”

兜头的一喝，听起来仍旧是他那一种洪亮快活的声气。在路上略谈了片刻，一同到了他的寓里坐了一会，他就拉我一道到了大赉公司的轮船码头。因为午前他刚接到了无线电报，诗人太果尔回印度的船系定在午后五时左右靠岸，他是要上船去看看这老诗人的病状的。

当船还没有靠岸，岸上的人和船上的人还不能够交谈的时候，他在码头上的寒风里立着——这时候似乎已经是秋季了——静静地呆呆地对我说：“诗人老去，又遭了新时代的摈斥，他老人家的悲哀，正是孔子的悲哀。”

因为太果尔这一回是新从美国日本去讲演回来，在日本在美国都受了一部分新人的排斥，所以心里是不十分快活的；并且又因年老之故，在路上更染了一场重病。志摩对我说这几句话的时候，双眼呆看着远处，脸色变得青灰，声音也特别的低。我和志摩来往了这许多年，在他脸上看出悲哀的表情来的事情，这实在是最初也便是最后的一次。

从这一回之后，两人又同在北京的时候一样，时时来往了。

可是一则因为我的疏懒无聊，二则因为他跑来跑去地教书忙，这一两年间，和他聚谈时候也并不多。今年的暑假后，他于去北平之先曾大宴了三日客。头一天喝酒的时候，我和董任坚先生都在那里。董先生也是当时杭府中学的旧同学之一，席间我们也曾谈到了当时的杭州。在他遇难之前，从北平飞回来的第二天晚上，我也偶然地，真真是偶然地，闯到了他的寓里。

那一天晚上，因为有许多朋友会聚在那里的缘故，谈谈说说，竟说到了十二点过。临走的时候，还约好了第二天晚上的后会才兹分散。但第二天我没有去，于是就永久失去了见他的机会了，因为他的灵柩到上海的时候是已经殓好了来的。

男人之中，有两种人最可以羡慕。一种是像高尔基一样，活到了六七十岁，而能写许多有声有色的回忆文的老寿星，其他的一种是如叶赛宁一样的光芒还没有吐尽的天才夭折者。前者可以写许多文学史上所不载的文坛起伏的经历，他个人就是一部纵的文学史。后者则可以要求每个同时代的文人都写一篇吊他哀他或评他骂他的文字，而成一部横的放大的文苑传。

现在志摩是死了，但是他的诗文是不死的，他的音容状貌可也是不死的，除非要等到认识他的人老老少少一个个都死完的时候为止。

一九三一年十二月十一日

〔附记〕上面的一篇回忆写完之后，我想想，想想，又在陈先生代作的挽联里加入了一点事实，缀成了下面的四十二字：

三卷新诗，廿年旧友，与君同是天涯，只为佳人难再得。

一声河满，九点齐烟，化鹤重归华表，应愁高处不胜寒。

（一九三一年十二月十九日，原载于1932年1月1日《新月》第4卷第1期）

# 我是扬州人

朱自清

有些国语教科书里选得有我的文章，注解里或说我是浙江绍兴人，或说我是江苏江都人——就是扬州人。有人疑心江苏江都人是错了，特地老远的写信托人来问我。我说两个籍贯都不算错，但是若打官话，我得算浙江绍兴人。浙江绍兴是我的祖籍或原籍，我从进小学就填的这个籍贯；直到现在，在学校里服务快三十年了，还是报的这个籍贯。不过绍兴我只去过两回，每回只住了一天；而我家里除先母外，没一个人会说绍兴话。

我家是从先祖才到江苏东海做小官。东海就是海州，现在是陇海路的终点。我就生在海州。四岁的时候先父又到邵伯镇做小官，将我们接到那里。海州的情形我全不记得了，只对海州话还有亲热感，因为父亲的扬州话里夹着不少海州口音。在邵伯住了差不多两年，是住在万寿宫里。万寿宫的院子很大，很静；门口就是运河。河坎很高，我常向河里扔瓦片玩儿。邵伯有个铁牛湾，那儿有一条铁牛镇压着。父亲的当差常抱我去看它，骑它，抚摩它。镇里的情形我也差不多忘记了。只记住在镇里一家人家的私塾里读过书，在那里认识了一个好朋友叫江家振。我常到他家玩儿，傍晚和他坐在他家荒园里一根横倒的枯树干上说着话，依依不舍，不想回家。这是我第一个好朋友，可惜他未成年就死了；记得他瘦得很，也许是肺病罢？

六岁那一年父亲将全家搬到扬州。后来又迎养先祖父和先祖母。父亲曾到江西做过几年官，我和二弟也曾去过江西一年；但是老家一直在扬州住着。我在扬州读初等小学，没毕业；读高等小学，毕了业；读中学，也毕了业。我的英文得力于高等小学里一位黄先生，他已经过世了。还有陈春台先生，他现在是北平著名的数学教师。这两位先生讲解英文真清楚，启发了我学习的兴趣；只恨我始终没有将英文学好，愧对这两位老师。还有一位戴子秋先生，也早过世了，我的国文是跟他老人家学着做通了的。那是辛亥革命之后在他家夜塾里的时候。中学毕业，我是十八岁，那年就考进了北京大学预科，从此就不常在扬州了。

就在十八岁那年冬天，父亲母亲给我在扬州完了婚。内人武钟谦女士是杭州籍，其实也是在扬州长成的。她从不曾去过杭州；后来同我去是第一次。她后来因为肺病死在扬州，我曾为她写过一篇《给亡妇》。我和她结婚的时候，祖父已死了好几年了。结婚后一年祖母也死了。他们两老都葬在扬州，我家于是有祖茔在扬州了。后来亡妇也葬在这祖茔里。母亲在抗战前两年过去，父亲在胜利前四个月过去，遗憾的是我都不在扬州；他们也葬在那祖茔里。这中间叫我痛心的是死了第二个女儿！她性情好，爱读书，做事负责任，待朋友最好。已经成人了，不知什么病，一天半就完了！她也葬在祖茔里。我有九个孩子。除第二个女儿外，还有一个男孩不到一岁就死在扬州；其余亡妻生的四个孩子都曾在扬州老家住过多少年。这个老家直到今天夏初才解散了，但是还留着一位老年的庶母在那里。

我家跟扬州的关系，大概够得上古人说的“生于斯，死于斯，歌哭于斯”了。现在亡妻生的四个孩子都已自称为扬州人了；我比起他们更算是在扬州长成的，天然更该算是扬州人了。但是从前一直马马虎虎的骑在墙上，并且自称浙江人的时候还多些，又为了什么呢？这一半因为报的是浙江籍，求其一致；一半也还有些别的道理。这些道理第一桩就是籍贯是无所谓的。那时要做一个世界人，连国籍都觉得狭小，不用说省籍和县籍了。那时在大学里觉得同乡会最没有意思。我同住的和我来往的自然差不多都是扬州人，自己却因为浙江籍，不去参加江苏或扬州同乡会。可是虽然是浙江绍兴籍，却又没跟一个道地浙江人来往，因此也就没人拉我去开浙江同乡会，更不用说绍兴同乡会了。这也许是两栖或骑墙的好处罢？然而出了学校以后到底常常会到道地绍兴人了。我既然不会说绍兴话，并且除了花雕和兰亭外几乎不知道绍兴的别的情形，于是乎往往只好自己承认是假绍兴人。那虽然一半是玩笑，可也有点儿窘的。

还有一桩道理就是我有些讨厌扬州人；我讨厌扬州人的小气和虚气。小是眼光如豆，虚是虚张声势。小气无须举例，虚气例如已故的扬州某中央委员，坐包车在街上走，除拉车的外，又跟上四个人在车子边推着跑着。我曾经写过一篇短文，指出扬州人这些毛病。后来要将这篇文收入散文集《你我》里，商务印书馆不肯，怕再闹出“闲话扬州”的案子。这当然也因为他们总以为我是浙江人，而浙江人骂扬州人是会得罪扬州人的。但是我也并不抹煞扬州的好处，曾经写过一篇《扬州的夏日》，还有在《看花》里也提起扬州福缘庵的桃花。再说现在年纪大些了，觉得小气和虚气都可以算是地方气，绝不止是扬州人如此。从前自己常答应人说自己是绍兴人，一半又因为绍兴人有些戆气，而扬州人似乎太聪明。其实扬州人也未尝没戆气，我的朋友任中敏（二北）先生，办了这么多年汉民中学，不管人家理会不理会，难道还不够“戆”的！绍兴人固然有戆气，但是也许还有别的气我讨厌的，不过我不深知罢了。这也许是阿Q的想法罢？然而我对于扬州的确渐渐亲热起来了。

扬州真像有些人说的，不折不扣是个有名的地方。不用远说，李斗《扬州画舫录》里的扬州就够羡慕的。可是现在衰落了，经济上是一日千丈的衰落了，只看那些没精打采的盐商家就知道。扬州人在上海被称为江北老，这名字总而言之表示低等的人。江北老在上海是受欺负的，他们于是学些不三不四的上海话来冒充上海人。到了这地步他们可竟会忘其所以的欺负起那些新来的江北老了。这就养成了扬州人的自卑心理。抗战以来许多扬州人来到西南，大半都自称为上海人，就靠着那一点不三不四的上海话；甚至连这一点都没有，也还自称为上海人。其实扬州人在本地也有他们的骄傲的。他们称徐州以北的人为侉子，那些人说的是侉话。他们笑镇江人说话土气，南京人说话大舌头，尽管这两个地方都在江南。英语他们称为蛮话，说这种话的当然是蛮子了。然而这些话只好关着门在家里说，到上海一看，立刻就会矮上半截，缩起舌头不敢啧一声了。扬州真是衰落得可以啊！

我也是一个江北老，一大堆扬州口音就是招牌，但是我却不愿做上海人；上海人太狡猾了。况且上海对我太生疏，生疏的程度跟绍兴对我也差不多；因为我知道上海虽然也许比知道绍兴多些，但是绍兴究竟是我的祖籍，上海是和我水米无干的。然而年纪大起来了，世界人到底做不成，我要一个故乡。俞平伯先生有一行诗，说“把故乡掉了”。其实他掉了故乡又找到了一个故乡；他诗文里提到苏州那一股亲热，是可羡慕的，苏州就算是他的故乡了。他在苏州度过他的童年，所以提起来一点一滴都亲亲热热的，童年的记忆最单纯最真切，影响最深最久；种种悲欢离合，回想起来最有意思。“青灯有味是儿时”，其实不止青灯，儿时的一切都是有味的。这样看，在那儿度过童年，就算那儿是故乡，大概差不多罢？这样看，就只有扬州可以算是我的故乡了。何况我的家又是“生于斯，死于斯，歌哭于斯”呢？所以扬州好也罢，歹也罢，我总该算是扬州人的。

（作于 1946 年 9 月 25 日，原载于 1946 年 10 月 1 日《人物》第 1 卷第 10 期）

# 我所见的叶圣陶

朱自清

我第一次与圣陶见面是在民国十年的秋天。那时刘延陵兄介绍我到吴淞炮台湾中国公学教书。到了那边，他就和我说："叶圣陶也在这儿。"我们都念过圣陶的小说，所以他这样告我。我好奇地问道："怎样一个人？"出乎我的意外，他回答我："一位老先生哩。"但是延陵和我去访问圣陶的时候，我觉得他的年纪并不老，只那朴实的服色和沉默的风度与我们平日所想象的苏州少年文人叶圣陶不甚符合罢了。

记得见面的那一天是一个阴天。我见了生人照例说不出话；圣陶似乎也如此。我们只谈了几句关于作品的泛泛的意见，便告辞了。延陵告诉我每星期六圣陶总回甪直去；他很爱他的家。他在校时常邀延陵出去散步；我因与他不熟，只独自坐在屋里。不久，中国公学忽然起了风潮。我向延陵说起一个强硬的办法；——实在是一个笨而无聊的办法！——我说只怕叶圣陶未必赞成。但是出乎我的意外，他居然赞成了！后来细想他许是有意优容我们吧；这真是老大哥的态度呢。我们的办法天然是失败了，风潮延宕下去；于是大家都住到上海来。我和圣陶差不多天天见面；同时又认识了西谛、予同诸兄。这样经过了一个月；这一个月实在是我的很好的日子。

我看出圣陶始终是个寡言的人。大家聚谈的时候，他总是坐在那里听着。他却并不是喜欢孤独，他似乎老是那么有味地听着。至于与人独对的时候，自然多少要说些话；但辩论是不来的。他觉得辩论要开始了，往往微笑着说："这个弄不大清楚了。"这样就过去了。他又是个极和易的人，轻易看不见他的怒色。他辛辛苦苦保存着的《晨报》副张，上面有他自己的文字的，特地从家里捎来给我看；让我随便放在一个书架上，给散失了。当他和我同时发见这件事时，他只略露惋惜的颜色，随即说："由他去末哉，由他去末哉！"我是至今惭愧着，因为我知道他作文是不留稿的。他的和易出于天性，并非阅历世故，矫揉造作而成。他对于世间妥协的精神是极厌恨的。在这一月中，我看见他发过一次怒；——始终我只看见他发过这一次怒——那便是对于风潮的妥协论者的蔑视。

风潮结束了，我到杭州教书。那边学校当局要我约圣陶去。圣陶来信说："我们要痛痛快快游西湖，不管这是冬天。"他来了，教我上车站去接。我知道他到了车站这一类地方，是会觉得寂寞的。他的家实在太好了，他的衣着，一向都是家里管。我常想，他好像一个小孩子；像小孩子的天真，也像小孩子的离不开家里人。必须离开家里人时，他也得找些熟朋友伴着；孤独在他简直是有些可怕的。所以他到校时，本来是独住一屋的，却愿意将那间屋做我们两人的卧室，而将我那间做书室。这样可以常常相伴；我自然也乐意，我们不时到西湖边去；有时下湖，有时只喝喝酒。在校时各据一桌，我只预备功课，他却老是写小说和童话。初到时，学校当局来看过他。第二天，我问他："要不要去看看他们？"他皱眉道："一定要去么？等一天吧。"后来始终没有去。他是最反对形式主义的。

那时他小说的材料，是旧日的储积；童话的材料有时却是片刻的感兴。如《稻草人》中《大喉咙》一篇便是。那天早上，我们都醒在床上，听见工厂的汽笛，他便说："今天又有一篇了，我已经想好了，来的真快呵。"那篇的艺术很巧，谁想他只是片刻的构思呢！他写文字时，往往拈笔伸纸，便手不停挥地写下去，开始及中间，停笔踌躇时绝少。他的稿子极清楚，每页至多只有三五个涂改的字。他说他从来是这样的。每篇写毕，我自然先睹为快；他往往称述结尾的适宜，他说对于结尾是有些把握的。看完，他立即封寄《小说月报》；照例用平信寄。我总劝他挂号；但他说："我老是这样的。"他在杭州不过两个月，写的真不少，教人羡慕不已。《火灾》里从《饭》起到《风潮》这七篇，还有《稻草人》中一部分，都是那时我亲眼看他写的。

在杭州待了两个月，放寒假前，他便匆匆地回去了；他实在离不开家，临去时让我告诉学校当局，无论如何不回来了。但他却到北平住了半年，也是朋友拉去的。我前些日子偶翻十一年的《晨报副刊》，看见他那时途中思家的小诗，重念了两遍，觉得怪有意思。北平回去不久，便入了商务印书馆编译部，家也搬到上海。从此在上海待下去，直到现在——中间又被朋友拉到福州一次，有一篇《将离》抒写那回的别恨，是缠绵悱恻的文字。这些日子，我在浙江乱跑，有时到上海小住，他常请了假和我各处玩儿或喝酒。有一回，我便住在他家，但我到上海，总爱出门，因此他老说没有能畅谈；他写信给我，老说这回来要畅谈几天才行。

十六年一月，我接眷北来，路过上海，许多熟朋友和我饯行，圣陶也在。那晚我们痛快地喝酒，发议论；他是照例地默着。酒喝完了，又去乱走，他也跟着。到了一处，朋友们和他开了个小玩笑；他脸上略露窘意，但仍微笑地默着。圣陶不是个浪漫的人；在一种意义上，他正是延陵所说的“老先生”。但他能了解别人，能谅解别人，他自己也能“作达”，所以仍然——也许格外——是可亲的。那晚快夜半了，走过爱多亚路，他向我诵周美成的词，“酒已都醒，如何消夜永！”我没有说什么；那时的心情，大约也不能说什么的。我们到一品香又消磨了半夜。这一回特别对不起圣陶；他是不能少睡觉的人。他家虽住在上海，而起居还依着乡居的日子；早七点起，晚九点睡。有一回我九点十分去，他家已熄了灯，关好门了。这种自然的，有秩序的生活是对的。那晚上伯祥说："圣兄明天要不舒服了。"想起来真是不知要怎样感谢才好。

第二天我便上船走了，一眨眼三年半，没有上南方去。信也很少，却全是我的懒。我只能从圣陶的小说里看出他心境的迁变；这个我要留在另一文中说。圣陶这几年里似乎到十字街头走过一趟，但现在怎么样呢？我却不甚了然。他从前晚饭时总喝点酒，"以半醺为度"；近来不大能喝酒了，却学了吹笛——前些日子说已会一出《八阳》，现在该又会了别的了吧。他本来喜欢看看电影，现在又喜欢听听昆曲了。但这些都不是"厌世"，如或人所说的；圣陶是不会厌世的，我知道。又，他虽会喝酒，加上吹笛，却不曾抽什么"上等的纸烟"，也不曾住过什么"小小别墅"，如或人所想的，这个我也知道。

（1930 年 7 月，北平清华园）

# 我与老舍与酒

台静农

报纸上登载，重庆的朋友预备为老舍兄举行写作二十年纪念，这确是一桩可喜的消息。因为二十年不算短的时间，一个人能不断地写作下去，并不是容易的事，我也想写作过，——在十几年以前，也许有二十年了，可是开始之年，也就是终止之年，回想起来，唯有惘然，一个人生命的空虚，终归是悲哀的。

我在青岛山东大学教书时，一天，他到我宿舍来，送我一本新出版的《老牛破车》，我同他说："我喜欢你的《骆驼祥子》。"那时似乎还没有印出单行本，刚在《宇宙风》上登完。他说："只能写到那里了，底下咱不便写下去了。"笑着，"嘻嘻"的——他老是这样神气的。

我初到青岛，是二十五年秋季，我们第一次见面，便在这样的秋末冬初，先是久居青岛的朋友请我们吃饭，晚上，在一家老饭庄，室内的陈设，像北平的东兴楼。他给我的印象，面目有些严肃，也有些苦闷，又有些世故；偶然冷然地冲出一句两句笑话时，不仅仅大家轰然，他自己也“嘻嘻”地笑，这又是小孩样的天真呵。

从此，我们便厮熟了，常常同几个朋友吃馆子，喝着老酒，黄色，像绍兴的竹叶青，又有一种泛紫黑色的，味苦而微甜。据说同老酒一样的原料，故叫作苦老酒，味道是很好的，不在绍兴酒之下。直到现在，我想到老舍兄时，便会想到苦老酒。有天傍晚，天气阴霾，北风虽不大，却马上就要下雪似的，老舍忽然跑来，说有一家新开张的小馆子，卖北平的炖羊肉，于是同石荪仲纯两兄一起走在马路上，我私下欣赏着老舍的皮马褂，确实长得可以，几乎长到皮袍子一大半，我在北平中山公园看过新元史的作者八十岁翁穿过这么长的一件外衣，他这一身要算是第二件了。

那时他专门在从事写作，他有一个温暖的家，太太温柔地照料着小孩，更照料着他，让他安静地每天写两千字，放着笔时，总是带着小女儿，在马路上大叶子的梧桐树下散步，春夏之交的时候，最容易遇到他们。仿佛往山东大学入市，拐一弯，再走三四分钟路，就是他住家邻近的马路，头发修整，穿着浅灰色西服，一手牵着一个小孩子，远些看有几分清癯，却不文弱，——原来他每天清晨，总要练一套武术的，他家的走廊上就放着一堆走江湖人的家伙，我认识其中一支戴红缨的标枪。

廿六年七月一日，我离青岛去北平，接着七七事变，八月中我又从天津搭海船绕道到济南，在车站上遇见山东大学同学，知道青岛的朋友已经星散了。以后回到故乡，偶从报上知老舍兄来到汉口，并且同了许多旧友在筹备文艺协会。我第二年秋入川，寄居白沙，老舍兄是什么时候到重庆的，我不知道，但不久接他来信，要我出席鲁迅先生二周年祭报告，当我到了重庆的晚上，适逢一位病理学者拿了一瓶道地的茅台酒；我们三个人在 × 市酒家喝了。几天后，又同几个朋友喝了一次绍兴酒，席上有何容兄，似乎喝到他死命的要喝时，可是不让他再喝了。这次见面，才知道他的妻儿还留在北平。武汉大学请他教书去，没有去，他不愿意图个人的安适，他要和几个朋友支持着“文协”，但是，他已不是青岛时的老舍了，真个清癯了，苍老了，面上更深刻着苦闷的条纹了。三十年春天，我同建功兄去重庆，出他意料之外，他高兴得“破产请客”。虽然他更显得老相，面上更加深刻着苦闷的条纹，衣着也大大地落拓了，还患着贫血症，有位医生义务地在给他打针药。可是，他的精神是愉快的，他依旧要同几个朋友支持着“文协”，单看他送我的小字条，就知道了，抄在后面罢：看小儿女写字，最为有趣，倒画逆推，信意创作，兴之所至，加减笔画，前无古人，自成一家，至指黑眉重，墨点满身，亦具淋漓之致。为诗用文言，或者用白话，语妙即成诗，何必乱吵絮。下面题着：“静农兄来渝，酒后论文说字，写此为证。”

这以后，我们又有三个年头没有见面了。这三年的期间，活下去大不容易，我个人的变化并不少，老舍兄的变化也不少罢，听说太太从北平带着小孩来了，应该有些慰安了，却又害了一场盲肠炎。能不能再喝几盅白酒呢？这个是值得注意的事，因为战争以来，朋友们往往为了衰病都喝不上酒了；至于穷喝不起，那又当别论。话又说回来了，在老舍兄写作二十年纪念日，我竟说了一通酒话，颇像有意剔出人家的毛病来，不关祝贺，情类告密，以嗜酒者犯名士气故耳。这有什么办法呢？我不是写作者，只有说些不相干的了。现在发下宏愿要是不迟的话，还是学写作罢，可是老舍兄还春纪念时能不能写出像《骆驼祥子》那样的书呢？

（三十三年，四月，于白沙白苍山庄，作于 1944 年）

# 山雨欲来风满楼

蒋梦麟

新年里常常有些小贩到村子里卖画片，有些画的是国家大事，有的则是戏中情节。有一年新春假期里，有一套新鲜的图画引起小孩子们的浓厚兴趣。这套五彩图画绘的是一八九四年（甲午年）中日战争的故事。其中有一张画的是渤海上的海战场面，日本舰队中的一艘军舰已被几罐装满火药的大瓦罐击中起火，军舰正在下沉。图中还画着几百个同样的大瓦罐在海上漂浮。这种瓦罐，就是当时民间所通用的夜壶，夜间小便时使用的。另一幅画中则画着一群带了铐链的日本俘虏，有的则关在笼子里。中国打了大胜仗了！自然，那只是纸上的胜仗，但是我们小孩子们却深信不疑。后来我年纪大一点以后，我才知道我国实际上是被日本打败了。

一个夏天的傍晚，一位临时雇工气喘如牛地从我父亲的书房里跑了出来。他说在书房里听到一阵叮当的声音，但是房里找不到人影。他说那一定是鬼在作怪。后来一追究，原来是时钟在报时。

从无可稽考的年代起，乡下人一直利用刀片敲击火石来取火，现在忽然有人从上海带来了几盒火柴。大人们对这种简便的取火方法非常高兴。小孩们也很开心，在黑暗的角落，手上火柴一擦，就可以发出萤火虫一样的光亮。火柴在当时叫“自来火”，因为一擦就着；也叫“洋火”，因为它是从外洋运进来的。

时钟实际上并无必要，因为在乡村里，时间算得再准也没有用处。早二三个钟头，迟二三个钟头又有什么关系？乡下人计时间是以天和月作单位的，并不以分或小时来计算。火柴其实也是奢侈品——用刀片火石不也是一直过得很好吗？至于煤油，那可又当别论了，煤油灯可以把黑夜照得如同白昼，这与菜油灯的昏暗灯光比起来真有天渊之别。

美孚洋行是把中国从“黑暗时代”导引到现代文明的执炬者。大家买火柴、时钟是出于好奇，买煤油却由于生活上的必要。但事情并不到此为止。煤油既然成为必需品，那么，取代信差的电报以及取代舢舨和帆船的轮船又何尝不是必需品呢？依此类推，必需的东西也就愈来愈多。

很少人能够在整体上发现细微末节的重要性。当我们毫不在意地玩着火柴或享受煤油灯的时候，谁也想不到是在玩火，这点星星之火终于使全中国烈焰烛天。火柴和煤油是火山爆发前的迹象，这个“火山”爆发以后，先是破坏了蒋村以及其他村庄的和平和安宁，最后终于震撼了全中国。

基督教传教士曾在无意中把外国货品介绍到中国内地。传教士们不顾艰难险阻，瘴疠瘟疫，甚至生命危险，遍历穷乡僻壤，去拯救不相信上帝的中国人的灵魂。他们足迹所至，随身携带的煤油、洋布、钟表、肥皂等等也就到了内地。一般老百姓似乎对这些东西比对福音更感兴趣。这些舶来品开拓了中国老百姓的眼界，同时也激起了国人对物质文明的向往。传教士原来的目的是传布耶稣基督的福音，结果却无意中为洋货开拓了市场。

我不是说传教士应对中国现代商业的成长负主要责任，但是他们至少在这方面担任了一个角色，而且是重要的一角，因为他们深入到中国内地的每一角落。主角自然还是西方列强的商船和兵舰。基督教传教士加上兵舰，终于逼使文弱的、以农为本的古老中国步上现代工商业的道路。

我曾经目睹买办阶级的成长以及士大夫阶级的没落。我自己也几乎参加了士大夫的行列，但是最后总算偷偷地溜掉了。所谓买办阶级，就是本国商人和外国商人之间的中国人。外国商人把货运到上海、天津等通商港埠，这些货品再通过买办，从大商埠转销到各城镇村庄。买办们在转手之间就可以大笔地赚钱，因此吃这一行饭的人也就愈来愈多。事业心比较强、际遇比较好的人，纷纷加入直接间接买卖外国货的新行业。有的人发大财，有的人则丰衣足食。际遇比较差的可就落了伍，有的依旧种田耕地，有的则守在旧行业里谋生。田地的出息有限，旧行业在外国竞争之下又一落千丈，于是旧有的经济制度很快地就开始崩溃了。结果是一大群人无可避免地失了谋生糊口的机会。这些不幸的人，一方面嫉妒新兴的暴发户，一方面又不满于旧日的行业，或者根本丧失了旧有的职业，结果就铤而走险。曹娥江大潮正在冲击着水闸，象征着即将破坏蒋村安宁的动乱正在奔腾澎湃。

一个秋天的下午，我正在田野里追逐嬉戏，我忽然听到一阵紧急狂骤的锣声。敲锣的人一面狂奔着，一面高喊堤塘已经冲塌了，洪水正向村中漫过来。我拼命跑回家里，并把这消息告诉路上所碰到的一切人。

大家马上忙作一团。我们赶快准备好船只、木浴盆，以及所有可以浮得起来的东西，以便应付即将来临的灾难。有的人则决定爬到大树上去暂避。第二天早晨，洪水已经冲进我家的大门，水头像巨蟒一样奔进院子。到了中午时，小孩已经坐上浴盆，在大厅里划来划去了。

堤塘缺口终于用沙包堵住，曹娥江也不再泛滥了。洪水在我们村里以及邻近村庄停留约一星期，然后慢慢退到低地，最后随江河入海，同时卷走了所有的稻作。

大约一星期以后，一只大船在傍晚时分载着许多人向我们村庄划过来。这只船在我家附近停下，船上的人也纷纷离船上岸。我们为防意外，赶紧闭起大门。他们用大石头来捣大门，最后终于排闼而入。领头的人身材魁伟，显然孔武有力，辫子盘在头顶上。他带着一伙人走到天井里，高喊："我们肚子饿，我们要借粮。"其余人也就跟着呐喊助威。他们搜索了谷仓，但是没有马上动手搬；他们要"借"。最后经过隔壁一位农人的调停，他们"借"走了几担谷子以后，就回船启航了。这是随后发生的一连串变乱的首次警号。

性质相近然而比较严重的事件，接二连三地在邻村发生。开始时是"借"，随后就变质为抢劫。抢劫事件像野火一样到处蔓延，乡间微薄的官兵武力根本无法加以阻遏。而且抢粮食不能处以极刑，但是在那种情势下，恐怕只有极刑才能加以遏止，至少暂时不至如此猖獗。

"借粮"的事件一直延续至那年冬天。不久之后，杀人掳掠的暴行终于在孙庄首次发生。被害的孙君在上海有一片生意兴隆的木行。孙君的父亲曾在上海承包"洋行"的营造工程而发了大财。

那是一个凛冽的冬夜，孙庄的人很早就躲到被窝去了。有人从窗子里发现黑暗中有一队火把正从大路上向孙庄移动。火把临近孙庄时，大家听到一阵枪声。强盗来了！强盗冲开孙家的大门，抢走了孙家所有的金银财帛——名贵的羊裘皮袄、金银器皿、珍珠宝石，无一幸免。他们并且掳走了孙君，把他绑在一根长竹竿的顶端，然后又把他压到河底。第二天孙家的人拖起竹竿才发现他的尸体。

抢劫的风潮迅速蔓延到各村庄。几百年来乡村人们所享受的和平与安宁，一夜之间丧失殆尽。我们没有一夜能够安稳地睡。我父亲从上海买来了手枪以及旧式的长枪。大家开始练习放枪，小孩子也不例外。我们拿鸟雀当活靶，因此连鸟雀都遭了殃。我们轮班睡觉，值班的人就负责守夜。一听到犬吠，我们就向空放枪警告盗匪，自然有时是虚惊，有时却的确把强盗吓跑了。为了节省弹药，我们常常在枪声中夹带些爆仗。

永远这样紧张下去究竟不是事。父亲最后无可奈何地带了一家大小搬到上海住下来。

我们搬家之前的两年内，我曾在绍兴继续我的学业。我还在家塾里念书的时候，父亲曾经问我将来愿意做生意还是预备做官。我的两位哥哥都已经决定步入仕途。父亲要我决定之前，仔细考虑一番。

做官可以光宗耀祖，几百年来，年轻人无不心向往之。自然我也很希望将来能做官。在另一方面，新近发财的人可以享受新颖奇巧的外国货，这般人的生活也是一种强烈的引诱。名利之间的选择，多少与一个人思想中所已灌输进去的观念和理想有点关联。

我听人家说，我们中国人分为士、农、工、商四个阶级。虽然每一阶级在整个社会里都有特定的任务，士大夫都是统治阶级，因此也是最尊荣的一级，依照亚里士多德的主张，哲学家当为国王，所以我们可以说，哲人、学士如果做不到帝王，至少也应该是公卿、宰相。中国的贵族阶级除极少数例外，都不是世袭的，而是由于本身努力达到的。俗语说：秀才是宰相的根苗。如果我去经商，那么将来不就与功名无缘了吗？

因此我决心续求学问。自然，我当时对学问的意义并不十分了解；我只觉得那是向上层社会爬的阶梯。在我们村子里，农、工、商三类人都不稀罕。种田的不必说了，商人也不少。好多人在上海做生意，从上海带回来很多好玩的东西：小洋刀、哨子、皮球、洋娃娃、汽枪、手表等等，多不胜举。至于工匠，我们的一位族长就是木匠，他的儿子们也是的。一位远房叔叔是银匠，专门打造乡村妇女装饰的指环、手镯、钗簪之类。至于读书的人，那可不同了。凡是族人之中有功名的，家庙中都有一面金碧辉煌的匾额，举人以上的家庙前面还有高高的旗杆，悬挂他们的旗帜。我还记得有一天县太爷到邻村查办命案，他乘坐一顶四人扛抬的绿呢暖轿，红缨帽上缀着一颗金顶，胸前挂着一串朝珠。四名轿夫每人戴着一顶尖锥形的黑帽，帽顶插着一根鹅毛。暖轿前面有一对铜锣开道，县太爷所经之处，老百姓就得肃静回避。他是本县的父母官，我们老百姓的生命财产都得听他发落。他的权势怎么来的？读书呀！

于是我知道了读书人的地位，也知道做一名读书人的好处。他可以一级一级地往上爬，甚至有一天当了大官，还可以在北京皇宫里饮御赐香茗呢！像我这样的一位乡下孩子，足步向未逾越邻近的村镇，他希望读书做官应是很自然的事。我幼稚的心灵里，幻想着自己一天比一天神气，功名步步高升，中了秀才再中了举人，中了举人再中进士，终于有一天当了很大很大的官，比那位县知事要大得好多好多，身穿蟒袍，腰悬玉带，红缨帽上缀着大红顶子，胸前挂着长长的朝珠，显显赫赫地回到故乡，使村子里的人看得目瞪口呆。这些美丽的憧憬，在我眼前一幕幕展开，我的前程多么光明呀！只要我能用心熟读经书就行了。

我的童年教育虽然枯燥乏味，却也在我的思想里模模糊糊地留下学问重于一切的印象。政府官吏都是经过科举选拔的。但是只有有学问的人才有希望金榜题名。官吏受人敬重，是因为学问本身在中国普遍受人敬重的关系。

因此我最后决定努力向学，准备参加科举考试。父亲自然欣然同意，家塾的教育是不够的，因此父亲把我送到离村约四十里的绍兴府去进中西学堂，我的两位哥哥则已先我一年入学。我们是乘条又小又窄的河船去的。小船的一边是一柄长桨，是利用脚力来划的，另一边则是一柄用手操纵的短桨，作用等于船舵。船岸我们看到许多纪念烈女节妇的牌坊。沿岸相隔相当的距离就有一个比较热闹的市镇。我们一大早动身，中途在一个大镇过了一夜，第二天下午就到了府城。

顾名思义，中西学堂教的不但是我国旧学，而且有西洋学科。这在中国教育史上还是一种新尝试。虽然先生解释得很粗浅，我总算开始接触西方知识了。在这以前，我对西洋的认识只是限于进口的洋货。现在我那充满了神仙狐鬼的脑子，却开始与思想上的舶来品接触了。

我在中西学堂里首先学到的一件不可思议的事是地圆学说。

我一向认为地球是平的。后来先生又告诉我，闪电是阴电和阳电撞击的结果，并不是电神的镜子里发出来的闪光；雷的成因也相同，并非雷神击鼓所生。这简直使我目瞪口呆。从基本物理学我又学到雨是怎样形成的。巨龙在云端张口喷水成雨的观念只好放弃了。了解燃烧的原理以后，我更放弃了火神的观念。过去为我们所崇拜的神佛，像是烈日照射下的雪人，一个接着一个融化。这是我了解一点科学的开端，也是我思想中怪力乱神信仰的结束，我在乡村里曾经养成研究自然的习惯，我喜欢观察，喜欢说理，虽然有时自己根本就不知道其中的深意。这种习惯在中西学堂里得到继续发展的机会。我还是像过去一样强于理解而不善记忆，凡是合理的新观念我都乐于接受，对记忆中的旧观念则弃如敝屣。

中西学堂的课程大部分还是属于文科方面的：中国文学、经书和历史。记忆的工作相当多，记忆既非我之所长，我的考试成绩也就经常在中等以下。我在学校中显得庸庸碌碌，较之当时头角峥嵘的若干学生，显有逊色。教师们对我的评价如此，我自己也做如是观。

校中外国语分为英文、日文、法文三组。我先选修英文，后来又加选日文。我的日文教师是中川先生，我从他那里学到了正确的日文发音。英文是一位中国老师教的，他的英语发音错得一塌糊涂，后来我千辛万苦才算改正过来。他一开始就把我们导入歧途，连字母发音都咬不准。最可笑的是他竟把字母 Z

念成“乌才”。

一八九八年，我在学校里听到一个消息，说是光绪皇帝听了康有为和梁启超的话，已经决定废科举，办学校。这使老一辈的学人大惊失色。但是康、梁的维新运动有如昙花一现，不久慈禧太后再度垂帘听政，康有为和梁启超亡命日本。中国又回到老路子，我放假回到乡村时，看到大街的墙上张贴着黄纸缮写的圣旨，一面是汉文，一面是满文，写的是通缉康、梁的命令。看起来，维新运动就此寿终正寝了。这个维新运动，以后叫作戊戌政变，是中国近代思想史的一个转折点。虽不为革命党人所乐道，而历史的事实却不能因政见不同而抹杀的。我记得梁氏逝世的消息传到南京以后，蔡孑民先生和我两人曾在中央政治会议提请国民政府明令表扬其功业。适值胡展堂先生为主席，一见提案，面孔涨得通红，便开口大骂。于是我们自动把提案取消了事。

绍兴的名胜古迹很多，它原是古代越国的都城。越王勾践在纪元前四九四年被以苏州为京城的吴王夫差所击败。勾践定下“二十年计划”，卧薪尝胆，生聚教训，终于在纪元前四七三年击败骄奢淫逸的吴王夫差，复兴越国。

勾践卧薪尝胆、雪耻复国的故事，差不多已经成为家喻户晓的格言。这则历史教训使一切在公私事业上遭受挫折的人重新燃起希望，它说明了忍耐、勇气、刻苦，和详密计划的重要性。我在勾践卧薪尝胆的地方领受这个历史教训，自然印象特别深刻。

南宋（纪元一一二七——一二七九）的高宗也曾在绍兴驻

节。当时金兵南侵，宋康王渡江南迁，京城也从开封迁到杭州，离绍兴府城不远，还有南宋皇帝的陵寝。

绍兴师爷是全国皆知的。全国大小衙门，几乎到处有绍兴师爷插足，绍兴老酒更是名震遐迩。绍兴府更出过许多历史上有名的学者、哲学家、诗人和书法家。绍兴府包括八个县，我的故乡余姚便是其中一县。

绍兴的风景也很有名，这里有迂回曲折的小溪，桥梁密布的小河，奔腾湍急的大江，平滑如镜的湖泊，以及蜿蜒起伏的丘陵，山光水色使学人哲士流连忘返。

我在绍兴读了两年书，知识大增。我开始了解一八九四年中日战争的意义：日本战胜我国是吸收了西洋学术的结果。光绪皇帝的维新运动是受了这次失败的刺激。中国预备学敌人的榜样，学校里有日文课程就是这个道理。

在绍兴的两年学校生活结束以后，乡村里盗警频仍，使我们无法再安居下去。于是父亲带了我们一家迁到上海。我的大哥已在搬家的前一年亡故。到了上海以后，我暂时进了一家天主教学校继续念英文，教我们英文的是一个法国神父。我心里想，这位英文先生既然是外国人，发音一定很准确。他的发音与我过去那位中国先生确乎迥然不同，过去那位先生把"兄弟"念成"布朗德"，现在的法国先生却教我们念"布拉达"。后来我才发现那不是英国音或美国音，而是法国音。不过我在这个天主教学校里的时间不久。因为一时找不到合适的学校，父亲就让我二哥到一位美国太太那里学英文，二哥又把学到的英文转授给我，因此二哥就成为学英文的“掮客”了。我对这办法很不满意，但是父亲认为这是很聪明的安排，因为这样可以省钱。

上海在一八九九年前后还是个小城，居留的外国人也不过三四千，但是这些洋人却都趾高气扬，自视甚高。市政倒办得不错，街道宽大清洁，有电灯，也有煤气灯。我觉得洋人真了不起，他们居然懂得电的秘密。他们发明了蒸汽机，又能建造轮船。他们在我的心目中已经成为新的神，原先心目中的神佛在我接受科学知识之后已经烟消云散了。但是有时候他们又像是魔鬼，因为他们不可一世的神气以及巡捕手中的木棒使我害怕，外滩公园门口挂着一个牌子写着：“犬与华人不得入内”。犬居华人之上，这就很够人受的了。在我的心目中，外国人是半神半鬼的怪物，很像三头六臂的千手观音，三只手分别拿着电灯、轮船、洋娃娃，另外三只手分别拿着巡棍、手枪、鸦片。从某一边看，他是天使；从另一边看，他却是魔鬼。

中国人对西方文明的看法总不出这两个极端，印象因人而异，也因时而异。李鸿章看到西方文明丑恶狰狞的一面，因此决定建立海军，以魔鬼之矛攻魔鬼之盾。光绪帝看到西方文明光明和善的一面，因此想建立新式的学校制度。慈禧太后和义和团看到可憎的一面，想用中国的陈旧武器驱逐魔鬼。麻烦的是这位怪物的黑暗面和光明面是不可分的。它有时像是佛法无边的神，有时又像狰狞凶残的魔鬼，但是它凭借的力量是相同的。我们要就不接受西方文明，要接受就得好坏一齐收下。日本就是一个很好的榜样。没奈何，我们只好向我们过去的敌人学习了。

我们在上海住了将近两年。有一天晚上，我们听说慈禧太后已经命令各省总督把所有的外国人一齐杀光。于是我们连夜举家迁离上海，那是一九〇〇年的事，也就是义和团战争的开始。义和团的人自称能用符咒对付刀枪子弹，拳术也是训练节目之一。因此，义和团有拳匪之称。他们预备破坏一切外国制造的东西，同时杀死所有使用外国货的人。他们要把运进这些可恶的外国货而阻绝他们生路的洋人统统杀光。把这些害人的外国货介绍到中国来的教会、学校、传教士、基督徒都罪无可逭。用刀剑、法术把这些人杀光吧！放把火把外国人的财产统统烧光！

朝廷本身也想把康有为、梁启超介绍进来的外国思想一扫而光，免得有人再搞什么维新运动。义和团要消灭物质的外国货而慈禧太后则想消灭精神上的外国货。不论是物质上的或者精神上的，反正都是外国货，都是外国人造的孽。杀呀！杀光外国人！工业革命开始时，英国人曾经捣毁了威胁他们生活的机器。义和团做得更彻底，他们要同时破坏血肉构成的“机器”。

南方的人对外国人的看法稍有不同，他们欢迎外国货，他们不觉得外国货是盗匪的起因，他们认为毛病在于清室的苛捐杂税以及官吏的腐败无能。他们要革命。

北方的老百姓和朝廷，认为外国人杜绝了他们的生路，那是对的。但是他们想借破坏血肉构成的“机器”来解决问题却错了。南方的人认为朝廷本身的腐败是苦难唯一的原因，想不到更大的原因是洋货进口。推理是错了，但是展开革命的行动却是对的。历史似乎包括一连串意外事件的、不合逻辑的推理，和意想不到的结果。历史上的风云人物似乎不过是命运之神摆布的工具而已。

外国人咒骂中国的盗匪，殊不知盗匪正是他们自己的货品所引起的。在我的童年时代里，大家都害怕老虎、鬼怪和强盗，但是实际上并没有真的老虎、鬼怪或强盗。我们只在图画书中看到这些东西。忽然之间，强盗在实际生活中出现了，好像是老虎冲进你的居室，也像是鬼怪在你背后紧追不舍。最后我们所惧怕的是强盗，老虎和鬼怪却都被遗忘了。

（摘自蒋梦麟自传《西潮》）

# 曲阜孔庙

梁思成

也许在人类历史中，从来没有一个知识分子像中国的孔丘（前551至前479年）那样，长时期地受到一个朝代接着一个朝代的封建统治阶级的尊崇。他认为“一只鸟能够挑选一棵树，而树不能挑选过往的鸟”，所以周游列国，想找一位能重用他的封建主来实现他的政治理想，但始终不得志。事实上，“树”能挑选鸟；却没有一棵“树”肯要这只姓孔名丘的“鸟”。他有时在旅途中绝了粮，有时狼狈到“累累若丧家之犬”；最后只得叹气说：“吾道不行矣！”但是为了“自见于后世”，他晚年坐下来写了一部《春秋》。也许他自己也没想到，他“自见于后世”的愿望达到了，正如汉朝的大史学家司马迁所说：“春秋之义行，则天下乱臣贼子惧焉。”所以从汉朝起，历代的统治者就一朝胜过一朝地利用这“圣人之道”来麻痹人民，统治人民。尽管孔子生前是一个不得志的“布衣”，死后他的思想却统治了中国两千年。

他的“社会地位”也逐步上升，到了唐朝就已被称为“大成至圣文宣王”，连他的后代子孙也靠了他的“余荫”，在汉朝就被封为“褒成侯”，后代又升一级做“衍圣公”。两千年世袭的贵族，也算是历史上仅有的现象了。这一切也都在孔庙建筑中反映出来。

今天全中国每一个过去的省城、府城、县城都必然还有一座规模宏大、红墙黄瓦的孔庙，而其中最大的一座，就在孔子的家乡——山东省曲阜，规模比首都北京的孔庙还大得多。在庙的东边，还有一座由大小几十个院子组成的“衍圣公府”。曲阜城北还有一片占地几百亩、树木葱幽、丛林密茂的孔家墓地——孔林。孔子以及他的七十几代嫡长子孙都埋葬在这里。

现在的孔庙是由孔子的小小的旧宅“发展”出来的。他死后，他的学生就把他的遗物——衣、冠、琴、车、书——保存在他的故居，作为“庙”。汉高祖刘邦就曾经在过曲阜时杀了一头牛祭祀孔子。西汉末年，孔子的后代受封为“褒成侯”，还领到封地来奉祀孔子。到东汉末桓帝时（153 年），第一次由国家为孔子建了庙。随着朝代岁月的递移，到了宋朝，孔庙就已发展成三百多间房的巨型庙宇。历代以来，孔庙曾经多次受到兵灾或雷火的破坏，但是统治者总是把它恢复重建起来，而且规模越来越大。到了明朝中叶（16 世纪初），孔庙在一次兵灾中毁了之后，统治者不但重建了庙堂，而且为了保护孔庙，干脆废弃了原在庙东的县城，而围绕着孔庙另建新城——“移县就庙”。在这个曲阜县城里，孔庙正门紧挨在县城南门里，庙的后墙就是县城北部，由南到北几乎把县城分割成为互相隔绝的东西两半。这就是今天的曲阜。孔庙的规模基本上是那时重建后留下来的。自从萧何给汉高祖营建壮丽的未央宫，“以重天子之威”以后，统治阶级就学会了用建筑物来做政治工具。因为“夫子之道”是可以利用来维护封建制度的最有用的思想武器，所以每一个新的皇朝在建国之初，都必然隆重祭孔，大修庙堂，以阐“文治”；在朝代衰末的时候，也常常重修孔庙，企图宣扬“圣教”，扶危救亡。1935年，国民党政府就是企图这样做的最后一个，当然，蒋介石的“尊孔”，并不能阻止中国人民的解放运动；当时的重修计划，也只是一纸空文而已。

由于封建统治阶级对于孔子的重视，连孔子的子孙也沾了光，除了庙东那座院落重重、花园幽深的“衍圣公府”外，解放前，在县境内还有大量的“祀田”，历代的“衍圣公”，也就成了一代一代的恶霸地主。曲阜县知县也必须是孔氏族人，而且必须由“衍圣公”推荐，“朝廷”才能任命。

除了孔庙的“发展”过程是一部很有意思的“历史记录”外，现存的建筑物也可以看作中国近八百年来的“建筑标本陈列馆”。这个“陈列馆”一共占地将近十公顷，前后共有八“进”庭院，殿、堂、廊、庑，共六百二十余间，其中最古的是金朝（1195年）的一座碑亭，以后元、明、清、民国各时期的建筑都有。

孔庙的八“进”庭院中，前面（即南面）三“进”庭院都是柏树林，每一进都有墙垣环绕，正中是穿过柏树林和重重的牌坊、门道的甬道。第三进以北才开始布置建筑物。这一部分用四个角楼标志出来，略似北京紫禁城，但具体而微。在中线上的是主要建筑组群，由奎文阁、大成门、大成殿、寝殿、圣迹殿和大成殿两侧的东庑和西庑组成，大成殿一组也用四个角楼标志着，略似北京故宫前三殿一组的意思。在中线组群两侧，东面是承圣殿、诗礼堂一组，西面是金丝堂、启圣殿一组。大成门之南，左右有碑亭十余座。此外还有些次要的组群。

奎文阁是一座两层楼的大阁，是孔庙的藏书楼，明朝弘治十七年（1504 年）所建。在它南面的中线上的几道门也大多是同年所建。大成殿一组，除杏坛和圣迹殿是明代建筑外，全是清雍正年间（1724 年至 1735 年）建造的。

今天到曲阜去参观孔庙的人，若由南面正门进去，在穿过了苍翠的古柏林和一系列的门堂之后，首先引起他兴趣的大概会是奎文阁前的同文门。这座门不大，也不开在什么围墙上，而是单独地立在奎文阁前面。它引人注意的不是它的石柱和四百五十多年的高龄，而是门内保存的许多汉魏碑石。其中如史晨、孔宙、张猛龙等碑，是老一辈临过碑帖练习书法的人所熟悉的。现在，人民政府又把散弃在附近地区的一些汉画像石集中到这里。原来在庙西双相圃（校阅射御的地方）的两个汉刻石人像也移到庙园内，立在一座新建的亭子里。今天的孔庙已经具备了一个小型汉代雕刻陈列馆的条件了。

奎文阁虽说是藏书楼，但过去是否真正藏过书，很成疑问。

它是大成殿主要组群前面“序曲”的高峰，高大仅次于大成殿；下层四周回廊全部用石柱，是一座很雄伟的建筑物。

大成殿正中供奉孔子像，两侧配祀颜回、曾参、孟轲等“十二哲”；它是一座双层瓦檐的大殿，建立在双层白石台基上，是孔庙最主要的建筑物，重建于清初雍正年间雷火焚毁之后，1730 年落成。这座殿最引人注意的是它前廊的十根精雕蟠龙石柱。每根柱上雕出“双龙戏珠”，“降龙”由上蟠下来，头向上；“升龙”由下蟠上去，头向下。中间雕出宝珠；还有云焰环绕衬托。柱脚刻出行山，下面莲瓣柱础承托。这些蟠龙不是一般的浮雕，而是附在柱身上的圆雕。它在阳光闪烁下栩栩如生，是建筑与雕刻相辅相成的杰出的范例。大成门正中一对柱也用了同样的手法。殿两侧和后面的柱子是八角形石柱，也有精美的浅浮雕。相传大成殿原来的位置在现在殿前杏坛所在的地方，是 1018 年宋真宗时移建的。现存台基的“御路”雕刻是明代的遗物。

杏坛位置在大成殿前庭院正中，是一座亭子，相传是孔子讲学的地方。现存的建筑也是明弘治十七年所建。显然是清雍正年间经雷火灾后幸存下来的。大成殿后的寝殿是孔子夫人的殿。再后面的圣迹殿，明万历二十年（1592 年）创建，现存的仍是原物，中有孔子周游列国的画石一百二十幅，其中有些出于名家手笔。

大成门前的十几座碑亭是金元以来各时代的遗物；其中最古的已有七百七十多年的历史。孔庙现存的大量碑石中，比较特殊的是元朝的蒙汉文对照的碑和一块明初洪武年间的语体文碑，都是语文史中可贵的资料。

1959年，人民政府对这个辉煌的建筑组群进行修葺。这次重修，本质上不同于历史上的任何一次重修：过去是为了维护和挽救反动政权，而今天则是我们对于历史人物和对于具有历史艺术价值的文物给予应得的评定和保护。七月间，我来到了阔别二十四年的孔庙，看到工程已经顺利开始，工人的劳动热情都很高。特别引人注意的，是彩画工人中有些年轻的姑娘，高高地在檐下做油饰彩画工作，这是坚决主张重男轻女的孔丘所梦想不到的。过去的“衍圣公府”已经成为人民的文物保管委员会办公的地方，科学研究人员正在整理、研究“府”中存下的历代档案，不久即可开放。

更令人兴奋的是，我上次来时，曲阜是一个颓垣败壁、秽垢不堪的落后县城，街上看到的，全是衣着褴褛、愁容满面的饥寒交迫的人；今天的曲阜，不但市容十分整洁，连人也变了，往来于街头巷尾的不论是胸佩校徽、迈着矫健步伐的学生，或是连唱带笑、蹦蹦跳跳的红领巾，以及徐步安详的老人……都穿得干净齐整。城外农村里，也是一片繁荣景象，男的都穿着洁白的衬衫，青年妇女都穿着印花布的衣服，在麦粒堆积如山的晒场上愉快地劳动。

（原载于1959年《旅行家》杂志第9期）

# 桥名谈往

茅以升

万物皆有名，有的还要有专名，就像人有名字一样。既然是名，当然就要起得好。孔夫子不是早就说过吗，“必也正名乎”“名不正则言不顺”。为了名要“正”，就费了不知多少人的心血。比如人名，在《永乐大典》或《四库全书》中，就有不少关于它的汇考、艺文、纪事、杂录等等的记载。至于对物题名，也是非同小可，既要意义恰当，又要工整大方。《红楼梦》“大观园试才题对额”一回中，贾政说，“这匾对倒是一件难事，论理该请贵妃赐题才是……偌大景致，若干亭榭，无字标题，任是花柳山水，也断不能生色。”一座花园里的题名是件难事（要论理，要生色），那么，一座桥梁的题名，也就不简单了。

我国近代桥梁，受了西方影响，题名时，总是从地理观点出发的。只要能指出它的所在地，使人一望而知，就行了。铁路公路上，更是用里程标记作名字，如同某某路上的“345、678 公里桥”，那才真是确切不移的。然而我国古时桥名，不是这样。它总要有些文学气息，使人见了，不由地发生情感，念念不忘。或是纪事抒情，引起深思遐想；或有诗情画意，为之心旷神怡。这样，通过慎重题名，一座桥的历史、作用或影响，就立刻表现出来，因而容易流传。桥的“身价”，也因此而抬高。一座桥出了名，它的名字还会跟着多起来，除了正名，还有俗名、别名等等，就像人名，除了学名，还有别号、小字等等。有的是在民间自然而然地逐渐形成的，有的却是文人学士，要借此而为自己题名的。总之，桥成就要题名，成为风气，也是我国古代文化的一个特色。

桥的题名，字不在多，如同人名一样，一般都是两个字，有时只有一个字。就只这一两个字，而能显示出桥的特征，正是我国文字的妙用。这是由于我国历史上的典故多和文学里的成语丰富的缘故。文史里的财富，大为桥名增光。然而桥多了，关于它的典故和成语也反过来为文史服务。比如，《史记》里“信如尾生”一辞来自桥的典故，《阿房宫赋》里，“长桥卧波”一辞来自桥的成语。桥的名字题得好，它对文史就可有贡献了。桥名的重要，有如此者。

现在来介绍一些桥名，借以窥知我国桥梁文学的丰富，它也许是世界无双的。先谈单名。较著名的有：“蓝桥”，在陕西蓝田县蓝溪上，“传其地有仙窟，即唐裴航遇云英处”；“枫桥”在苏州，唐张继有《枫桥夜泊》诗；“断桥”在杭州西湖，唐张祜诗："断桥荒藓涩"，明朝莫仲玗有《断桥残雪》词等。但单名之桥往往系泛指，而又可能是专名，其中有的以材料为名，如"石桥"，梁简文帝即有《石桥》诗："写虹便欲饮，图星逼似真"；"铁桥"，明朝吴兆元有《渡铁桥》诗："宝筏群生渡，金绳八道开"；"竹桥"，杜甫有《观造竹桥》诗等。有的指明桥的所在，如"山桥"，梁简文帝诗："卧石藤为缆，山桥树作梁"；"江桥"，唐杜甫诗："山县早休市，江桥春聚船"；"野桥"，唐刘长卿诗："野桥经雨断，涧水向田分"等。有的指明桥的形状，如"方桥"，唐韩愈诗："君欲问方桥，方桥如此作"；"斜桥"，宋朝欧阳修诗："波光柳色碧溟蒙，曲渚斜桥画舸通"；"画桥"，宋朝范与求诗："画桥依约垂杨外，映带残阳一抹红"；"朱桥"，唐朝郑谷诗："朱桥直抵金门路，粉堞高连玉垒云"；"天桥"，山西太原保德州及云南大理都有，大理的"下断上连，石梁跨之，两岩激水溅珠，宛如梅绽，人呼为不谢梅"等。有的与桥畔景物有关，如"花桥"，福建宁德县、湖北长阳县及广西桂林都有，桂林的有"花桥烟雨"之称；"柳桥"，在杭州西湖，宋周邦彦词："水涨鱼天拍柳桥"等。有的比较特殊，如"草桥"，在北京右安门外；"席桥"，在山东东平县，"相传宋真宗东封泰山，车驾经行，以席铺藉"；"瓜桥"，浙江富阳县，"世传孙钟设瓜于此桥"；"鸭桥"在陕西陕城。"金桥"在山西上党，唐潘炎有《金桥赋》。更有事涉怪诞的，如"暗桥"，在安徽建平县，"旧传伍员奔吴，避于山中，追者至此，云气护之，员及桥而天暗"；"鬼桥"，《初学记》“上方有鬼桥”；“赤桥”，在山西太原晋水北渠上，“宋太宗凿卧龙山，血出成河，因更今名”等。

桥名用两个字是最普遍而又标准化的，单名的桥已经不少，双名的更是多得多。试思每桥皆有名，在我们古老的大国，该有多少桥名啊！然而在这成千上万的单名和双名中，重复的究竟不多，如果把这所有的桥名都搜集起来，编成一部《中国桥名录》，该是够洋洋大观的了。

现在再来举一些双名的例，说明桥名的丰富多彩。根据反映内容，一部“桥名录”可分为五章。

第一章是“表扬”。首先是表扬桥的功用的，如“安济桥”，即“赵州桥”，在河北赵县洨河上，一名“大石桥”，制造奇特，“隋匠李春之迹也”；“万安桥”，即“洛阳桥”，在福建泉州，为渡海用，“去舟而徒，易危以安，民莫不利。”“灭渡桥”，在江苏吴县，桥成“南北往来者踊跃称庆，名灭渡，志平横暴也。”“安平桥”，在福建晋江，建成于宋绍兴二十二年，全长 2 255 米，俗名“五里桥”，旧有“天下无桥长此桥”的传说。其次是表扬造桥人物的，如“绩麻桥”，在湖北孝感县，“世传居民女绩麻所建”；“夫妇桥”，即四川灌县竹索桥，清何先德造，未完，其妻续成之；“葛镜桥”，在贵州平越，明万历间葛镜建，“屡为水决，三建乃成，靡金巨万，悉罄家资”。

第二章是“纪事”，记载有关桥的流传下来的故事。如“万里桥”，在四川成都南门外，“昔孔明于此饯费聘吴，曰万里之行，始于此矣”。唐陆肱有《万里桥赋》，宋吕大防有《万里桥》诗，杜甫诗：“万里桥西宅，百花潭北庄”，唐张籍诗：“万里桥边多酒家，游人爱向谁家宿”；宋苏轼诗：“我欲归寻万里桥，水花风叶暮萧萧”，宋陆游诗：“雕鞍送客双流驿，银烛看花万里桥”。“马桥”，即“升仙桥”，在四川成都北，西汉司马相如不甘贫贱，立志做官，“尝题柱云，大丈夫不乘马车，不复过此桥”，唐岑参有《升仙桥》诗：“及乘驷马车，却从桥上归”，宋京镗有《马桥记》云：“兹建桥以马名，自是长卿之遗踪亦不泯矣。”“兰亭桥”，在浙江绍兴，“晋王右军修禊处，桥下细石浅濑，水声昼夜不绝”。“洗耳桥”，在河南汝州，相传尧要将天下让给许由，许由自命清高，认为听了这话污了自己的耳朵，此桥所在“即许由洗耳处”。“虎渡桥”，在福建漳州，亦名江东桥，“江南桥梁，虎渡第一，昔欲修桥，有虎负子渡江，息于中流……乃因垒址为桥”。“宵市桥”，在江苏扬州，即“小市桥”，“相传隋炀帝时于此开夜市”。

第三章是“抒情”，通过桥名，来表达思想感情。如“销魂桥”，即“灞桥”，在陕西西安，“东汉人送客至此桥，折柳赠别”。因“取江淹别赋句，又呼为销魂桥”。唐王之涣诗：“杨柳东风树，青青夹御河。近来攀折苦，应为别离多。”明葛一龙词：“桥上飞花桥下水，断肠人是过桥人。”“思乡桥”，在河北丰润，“宋徽宗北辕过桥，驻马四顾，泫然曰，吾过此向大漠，安得似此水还乡矣……人乃谓思乡桥也”。“至喜桥”，在四川广安，“昔欧阳修自吴入蜀，喜路险至此始平”。“情尽桥”，在四川简阳，唐雍陶《题情尽桥》诗有序云：“阳安送客至情尽桥，问其故，左右曰送迎之地止此。”“忘恩桥”，在陕西西安，“中官初入选，进东华门，门内有桥曰皇恩桥……俗呼曰忘恩桥，以中官既富贵，必仇所生，盖耻之也”。

第四章是“写景”，美化桥身及四周景物。如“垂虹桥”，在江苏吴江，桥身环如半月，长若垂虹，宋王安石《垂虹桥》诗云：“颇夸九州物，壮丽无此敌。”“春波桥”，在浙江绍兴，贺知章诗云：“离别家乡岁月多，近来人事半消磨。惟有门前鉴湖水，春风不改旧时波。”故取此名桥。“海棠桥”，在湖北黄州，“宋时桥侧海棠丛开，秦观尝醉卧于此，明日题其柱”。“胭脂桥”，在江西饶州，鄱阳王萧俨生活奢华，宅中宫人，洗胭脂水流出，把桥下水都染红了，故名。“月样桥”，在山东青州，“采石凝结如天成”。“绿杨桥”，在湖北蕲水，“因东坡醉卧桥上，有‘解鞍欹枕绿杨桥’之句，遂名”。按苏轼《西江月》词自序云：“春夜行蕲水中……至一溪桥上，解鞍曲肱，醉卧少休，及觉已晓……书此语桥柱上”，即是桥也。

第五章是“神话”，把神仙和桥梁联系起来，大多与道教有关。如“圣女桥”，在陕西白水，传说为三神女一夜成之。“白鹤桥”，在江苏句容，“汉永元间茅氏兄弟三人，乘鹤至此，有白鹤桥，大茅君驾白鹤会群仙处”。“集仙桥”，在江西安福，“相传居人夜闻桥上仙乐缭绕，旦往视之，惟见书吕洞宾字于桥柱”。“乘鱼桥”，在江苏苏州，“昔琴高乘鲤升仙之地”。“照影桥”，在湖北石首，“相传有仙人于此照影”。

以上是单字和双字的桥名录。三字、四字或更多字的桥名，当然也有，但为数极少。三字桥名中著名的有二十四桥，在江苏扬州。唐杜牧诗：“二十四桥明月夜，玉人何处教吹箫”中的“二十四桥”，北宋沈括在《梦溪笔谈》中云是二十四座桥，并列举其名，但据南宋姜白石的《扬州慢》词：“二十四桥仍在，波心荡，冷月无声。念桥边红药，年年知为谁生。”则又似一座桥。后来清朝梁章钜在《浪迹丛谈》中更提到在孟毓森所居宅旁之桥上，有“二十四桥”的题名榜，可见“二十四”已成为一座桥的专名。不过这种用数目字当专名的桥，并无他例，有的只是以数为序而已，如杜甫诗“不识南塘路，今知第五桥”。四字或以上的如“旧浣花桥”“杨柳河桥”、“德阳王桥”（以上均在成都）、“新学前桥”“建富木桥”（以上均在南昌）、“新饭店石桥”（四川温江）等等，有的是地名或人名关系，其余都是把单名或双名的桥加以解释，并非完整的专名。因此，中国桥名，基本上只有单名和双名两种，在《桥名录》中把这两种搜集齐全，所余就无几了。

但是，我国古桥并非个个都有专名。有的本来并无名称，后来有人随便叫它一下，逐渐也就成了名字，如“大桥”“小桥”“新桥”“旧桥”“长桥”“短桥”“南桥”“北桥”等等。这些“俗名”，时间一久，就成为“正名”了，如福州的“小桥”，因在“万寿桥”的大桥附近而得名，就此成为专名。有的“桥”，名气非常之大，但实际上并无此桥，如“陈桥”，在河南开封，宋赵匡胤“黄袍加身”处，实系“陈桥驿”，“唐为上元驿，朱全忠纵火，欲害李克用之所”，但更多的桥，却是不声不响地在那里服务，而它们的名字是早就湮没不彰了。可见，桥和桥名，都有幸与不幸，有的是有名无桥，有的是有桥无名。然而，虽是无名，难道就不是“英雄”！

（选自 1962 年 7 月 22 日《光明日报》，有改动）